일제강점기

금지도서

목록

엮은이

정진석(鄭晉錫, Chong, Chin-Sok)_ 한국외국어대학교 명예교수. 런던대학교 정경대학(School of Economics & Political Science-LSE)에서 박사학위를 받았다. 1964년 언론계에 입문하여 한국기자협회 편집실장, 관훈클럽 사무국장, 1980년 한국외국어대학교 언론학 교수, 사회과학대학장, 정책과학대학원장, 언론중재위원, 방송위원, LG상남언론재단 이사를 역임했다. 현재 장지연기념회, 서재필기념사업회 이사를 맡고 있다.

언론 관련 자료집, 문헌 해제, 신문 · 잡지 색인을 만들었고 방대한 분량의 옛날 신문을 영인했다. 『한성순보』-『한성주보』, 『독립신문』, 『대한ᄆᆡ일신보』와 1945년 광복 후부터 1953년까지 발행된 『경향신문』, 『동아일보』, 『서울신문』, 『조선일보』의 지면 전체를 모은 영인본(전32권)을 편찬했다. 『조선총독부 언론통제 자료총서』(전26권), 『조선총독부 직원록』(1911~1942, 전34권) 같은 문헌도 발굴, 영인하여 언론계와 역사학계가 자료로 활용하고 있다. 저서로 『나는 죽을지라도 신보는 영생케 하여 한국동포를 구하라』(2013), 『전쟁기의 언론과 문학』(2012), 『극비, 조선총독부의 언론검열과 탄압』(2007), 『언론조선총독부』(2005), 『6·25전쟁 납북』(2005), 『역사와 언론인』(2001), 『언론과 한국현대사』(2001), 『언론유사』(1999), 『한국언론사』(1995), 『인물한국언론사』(1995), 『한국현대언론사론』(1985) 외에 여러 권이 있다.

일제강점기 **금지도서** 목록

초판인쇄 2014년 3월 27일
초판발행 2014년 4월 7일
엮은이 정진석
펴낸이 박성모
출판등록 제13-522호
펴낸곳 소명출판
서울시 서초구 서초동 1621-18 란빌딩 1층
전화 02-585-7840
팩스 02-585-7848
이메일 somyong@korea.com

값 20,000원

ISBN 978-89-5626-974-0 93060

일제강점기
금지도서
목 록

정진석 편

소명출판

차례

해제 004

조선문 · 지나문 간행물 행정처분색인 1933년판(1928.10~1933.5.31) 280(001)

조선문 · 지나문 간행물 행정처분색인 1937년판(1928.10~1937.5.31) 060(221)

해제

1. 출판법에 명시된 원고의 사전 검열

일제는 한국을 병탄하기 전부터 민족의 독립의식을 고취하는 국내의 역사 지리서를 비롯하여 외국에서 강대국의 침략에 저항하여 싸운 영웅전과 위인전 등의 서적 발매를 금지하고 압수처분했다. 압수의 법적 근거는 1909년 2월 23일에 공포된 '출판법'이었다.[1] 신문 잡지와 같은 정기간행물은 러일전쟁(1904.2) 직후부터 주한 일본군 헌병대에서 사전검열과 압수를 자행하였지만, 단행본은 출판법 공포 이후에 본격적인 통제를 가하기 시작하였다.

출판법이 공포된 직후에는 역사를 거울삼아 독립정신을 고취하는 것으로 판단되는 책은 모조리 금지처분 되었다. '안녕질서의 방해'가 금지의 이유였다. "교과용 독본류 중에는 때때로 직접간접으로 금일의 시세를 오도하여 국권회복 등의 공론을 농(弄)하여 인심을 유혹시킬 우려가 있다"는 것이었다. 외국서적도 번역과정에 역자의 의견을 첨가하여 독립을 암시한다는 이유로 금지했다. 일본인 발행 일본어 신문 『경성신보(京城新報)』는 출판법 제정의 취지를 이렇게 설명했다.

---

1 '출판법'은 내각총리대신 이완용(李完用)과 내부대신임시서리 고영길(高永喜) 명의로 공포되었다. 『대한제국관보』 제4311호, 1909.2.26.

> 역서(譯書) 같은 것은 원문 이외에 역자의 의견을 진술하여 이를 비평함으로써 인심을 격동(激動)할 염려가 있으며 (…중략…) 출판법은 서책에 대하여 취체를 하는 취의로서 당국자는 앞서 신문조례를 개정하여 신문취체에 여행(勵行)을 가하나 일반 출판물의 경향은 전술과 같으므로 이를 취체할 필요상 이번에 출판법을 발포한 것으로서 동법의 제2조에 규정한 바와 같이 원고 검열주의를 채택하였는데 이는 한국의 현황에 적합한 것이기 때문이며 일본에서도 어느 시기까지 검열주의를 취했다.[2]

'원고 검열주의'는 책을 출판하기 전에 미리 원고를 검열하여 허가 여부를 결정하는 제도이다. 출판법 제2조는 "문서 도서를 출판코자 하는 시는 저작자 또는 그 상속자와 및 발행자가 연인(連印)하야 고본(稿本)을 첨(添)하야 지방장관(한성부 : 서울에서는 경시총감으로 함)을 경유하야 내부대신에게 허가를 신청함이 가함"이라고 명시하고 있었다.

풀어서 간단히 설명하면 서적을 출판하려면 저자와 발행인이 원고를 관할 관청에 제출하여 내부대신의 허가를 얻어야 한다는 것이다. 일본인 경시총감을 거쳐야 하기 때문에 여기서 사전검열이 시작되는 것이다. 지방의 경우도 마찬가지였다.

제2조의 허가를 받아 도서를 출판하였더라도 제본된 책 2부를 즉시 내부에 납부하도록 되어 있었다(제4조). 허가받지 않은 도서를 발행한 경우는 어떻게 되는가. 처벌은 제11조에 규정되어 있었다.

---

2 「出版法發布に付」, 『京城新報』(일어), 1909.2.27; 계훈모, 『한국언론연표』 I, 관훈클럽신영연구기금, 1977, 922면.

① 국교를 저해하거나 정체(政體)를 변괴(變壞)하거나 국헌을 문란하는 문서 도화(圖畵)를 출판하는 시는 3년 이하의 역형(役刑).

② 외교와 군사의 기밀에 관한 문서 도화를 출판한 시는 2년 이하의 역형.

③ 전 2호의 경우 외에 안녕질서를 방해하거나 또는 풍속을 괴란하는 문서 도서를 출판하는 시는 10개월 이하의 금옥(禁獄).

④ 기타의 문서 도화를 출판한 시는 100환 이하의 벌금. 전항 문서 도화의 인쇄를 담당하는 자의 벌도 역동(亦同)함.

저작자, 발행인, 인쇄인은 3년 이하의 징역에서 벌금 등 엄중한 처벌을 함께 받도록 되어 있었기 때문에 감히 출판법을 어기고 도서를 출판할 엄두를 낼 수 없는 상황이었다. 독립을 암시하거나 항일적인 내용은 사전 검열로 원천 차단하고 이미 출간된 책에 대해서도 압수를 자행하였다. 외국에서 이입되는 출판물도 압수의 대상이었다.

1900년대에는 여러 종류의 신문 잡지와 더불어 단행본 출간도 늘어나는 추세였다. 강제 합방 이전의 출판물은 교육 및 교과서류가 가장 많았다. 이어서 역사, 전기, 문학, 잡서 등의 순으로 다양한 종류가 발행되었다. 역사서(월남망국사, 미국독립사, 애급근세사), 인물전기류(비스마르크전, 을지문덕)와 역사지리(만국사, 대한신지지), 학습서(일본문법, 물리학), 실용도서(양계법촬요, 지형측량술), 사회과학서(회사법, 재판법령집), 소설(치악산, 홍도화) 같은 책들이 신문광고에 많이 실렸다.

2. 강제합방 후의 금지도서

합방 직후인 11월 19일 총독부는 50종이 넘는 역사 지리서, 위인전, 교과용 도서, 실용서 등에 발매금지와 함께 압수처분을 강행했다.[3] 다음은 압수된 책이다.[4]

◇初等大韓歷史(국문 한문) ◇普通教科東國歷史 ◇新訂東國歷史 ◇大東歷史略 ◇大韓新地誌 ◇大韓地誌 ◇最新高等大韓地誌 ◇問答大韓新地誌 ◇最新初等大韓地誌 ◇最新初等小學 ◇高等小學讀本 ◇國文課本 ◇初等小學 ◇國民小學讀本 ◇女子讀本 ◇婦幼獨習 ◇高等小學修身 ◇高等倫理學教科書 ◇獨習日語正則 ◇精選日語大海 ◇實地應用作文法 ◇飮氷室文集 ◇國家思想學 ◇民族競爭論 ◇國家學綱領 ◇飮氷室自由書 ◇準備時代 ◇國民須知 ◇國民自由進步論 ◇世界三怪傑 ◇二十世紀之大慘劇帝國主義 ◇强者의權利競爭 ◇大家論集 ◇青年立志編 ◇片片奇談警世歌 ◇小兒教育 ◇愛國精神 ◇愛國精神談 ◇夢見諸葛亮 ◇乙支文德(국한문) ◇利太利建國三傑傳 ◇噶蘇士傳 ◇華盛頓傳 ◇波蘭末年戰史 ◇米國獨立史 ◇埃及近世史 ◇小學漢文讀本 ◇男女平權論

위의 목록 외에도 『유년필독(幼年必讀)』, 『동국사략(東國史略)』

---

3 『조선총독부관보』 제69호, 1910.11.10; 계훈모, 위의 책, 934~935면.

4 『조선총독부관보』 제69호, 1910.11.10; 「時宜의 不適한 書籍」, 『매일신보』, 1910.11.18; 계훈모, 위의 책, 934~935면. 합방 전 구한말에서 1910년대 일제의 출판통제에 관해서는 장신, 「한국강점 전후 일제의 출판통제와 '51종 20만권 焚書사건'의 진상」, 『역사와 현실』 80, 한국역사연구회, 2011.6, 211~244면에 상세히 고찰되어 있다.

과 같은 교과용 도서는 합방 전에 반포를 금지했다. 하지만 이런 책은 흔히 사립학교에서 사용하는 일이 있었다. 교과서로서 공공연히 사용하는 일은 경찰의 단속으로 근절되었지만 더러는 교사가 이 책 속의 의미를 부연하여 교수하는 일이 있었다. 통감부 경찰은 이렇게 말하고 있다.

> 발매반포를 금지 당한 서적이 민간에 흩어져 있지만[散布] 이것들은 개인의 소유에 속하여 법에 의해 차압할 수가 없다. 이들 서적은 완고한 자들의 기호에 부합되어 서로 돌려가며 읽기 때문에 아직도 약간의 해를 끼치고 있다.[5]

무단정치를 거쳐 1920년의 이른바 문화정치 시기와 그 이후 1930년대 이후에도 '금서' 처분은 끊이지 않았다. 총독부 경무국 도서과가 1920년대에서 1930년대까지의 '금서목록'을 3차례 정리한 자료가 남아 있다.

① 1933년 11월 : 『조선문 · 지나문간행물 행정처분색인(朝鮮文 · 支那文刊行物 行政處分索引)』(1928.10~1933.5.31). 조선, 일본, 중국, 러시아 등지에서 출판된 서적을 행정처분(삭제, 또는 압수)한 목록이다. 조선어, 일어, 중국어 서적을 '치안방해', '출판법 위반', '풍속괴란' 등의 이유로 압수했다.

② 1937년 6월 : 『조선문 · 지나문간행물 행정처분색인(朝鮮文 · 支那文刊行物 行政處分索引)』(1928.10~1937.5.31). 위의 목록을 보완하여 그 후에 금지한 도서를 추가하였다.

---

5 『韓國警察一斑』, 韓國內部警務局, 1910, 120~122면.

③ 1941년 1월 : 『조선총독부 금지단행본목록(朝鮮總督府 禁止單行本目錄)』(1928.10~1941.1.31). 제목은 약간 다르지만 앞의 두 목록 이후에 배포를 금지하고 압수한 도서를 추가했다.

금지도서는 일본어 가나(カナ)순으로 정리되어 있다. 일본에서 금지한 도서를 먼저 싣고, 조선어와 중국어, 한문 서적 목록을 다음에 실었다. 일선 경찰서에 근무하던 고등경찰을 비롯하여 언론, 출판, 음반, 공연 등 모든 대중문화의 통제 업무를 담당했던 총독부 경무국 도서과에서는 이 자료를 옆에 두고 사상범 또는 독립운동가와 지식인 탄압에 활용하였다.

1928년 10월부터 1941년 1월 말까지 일본과 조선에서 금지된 도서는 2,820여 종에 달한다. 안춘근(安春根)은 『조선총독부 금지단행본목록(朝鮮總督府 禁止單行本目錄)』(1941.1)에 수록된 금지도서 가운데 국내발행 도서를 188종으로 집계했다.[6] 고영수는 안춘근이 정리한 금지도서 목록을 「일제하의 금서출판소고」에 전재했다.[7]

3. 금지도서의 내용과 발행장소

목록에는 일본에서 금지한 도서가 압도적으로 많았다. 일본은 다양한 책이 출간되어 조선과는 비교가 되지 않을 정도로 출판문화가 앞서 있는 상황이었으며 사상과 정보가 일본을 통해

---

6 안춘근, 「현대한국출판문화사략(史略) 3」, 『도서』 제8호, 을유문화사, 1965, 59면.

7 고영수, 「일제하의 금서출판소고」, 『남애 안춘근 선생 화갑기념논문집』, 범우사, 1986, 247~252면.

서 조선에 유입되는 경향이 강했으므로 조선의 지식인과 일반 독자 가운데도 일본어 서적을 구독하는 경우가 점차로 늘어났기 때문에 일본에서 금지된 도서가 많았던 것이다. 금지도서는 소지하였다는 사실만으로도 처벌의 대상이 되었다.

국내에서 발행된 도서 가운데는 시집 또는 창가집도 금서목록에 들어 있다. 시집이 확실한 것은 『카프시인집』 초판(1931.11.27, 서울 : 집단사)과 재판(1932.4.15, 서울, 윤종덕)이 있다. 제목으로 보아 시집이나 창가집 등으로 판단되는 책은 『소년소녀창가집』(음보 부 각본, 1936.12.10, 서울, 염재기(梁在璣)), 『女工의 노래』(1930.1), 『시문방랑』(1935.7.5, 동경, 박일권(朴一權)), 『精選조선가요집』(1931.11.30), 『천주교聖歌』(1935.3.31, 대구, 프랑스인 권유량(權裕良)), 『불별, 푸로레타리아동요집』(1931.3.10, 서울 : 中央印書館), 『萬拙詩集』(1930.5.25, 경남 노정용(盧定容))이 있다.

일본, 중국, 미국, 러시아 지역에서 한국어로 발행되어 국내로 유입되는 서적도 일제는 감시를 게을리 하지 않았다. 일본에서 발행된 서적으로 『자본주의의 해부』(동경 : 勸讀社, 1928.7)는 일본에서 한국어로 발행되었다. 『全同盟레닌共產黨青年會略史』(浦鹽遠東出版部, 1929)는 블라디보스토크에서 출판되었다. 그밖에도 블라디보스토크에서 발행된 공산당과 공산주의 관련 한국어 서적이 국내로 유입되면 금지처분을 내렸다. 김구의 『屠倭實記』(상해한인애국단, 1932)는 상해에서 발행되었다. '지나문(支那文)'은 한문서적과 중국어 서적을 지칭한다. 박은식의 『한국독립운동혈사』(상해)는 '지나문'으로 되어 있지만 중국어 책이 아니라 한문 문장의 책이다.

1920년대 전반에는 한국인의 민족사상과 애국심을 고취하는 서적은 엄격히 금지하면서도 노동문제, 칼 마르크스 및 레닌의 사상과 혁명사의 저술은 상대적으로 비교적 관대했던 것은 1917년에 일어난 러시아 혁명과 일본 정치의 다이쇼 데모크라시(大正 Democracy)의 영향 때문이었다. 일본은 러시아와 국교를 맺고, 외교사절을 서로 교환하여 서울에도 러시아 영사관 설치를 허용하였다. 이같은 정치상황의 전개로 일본에서는 소련에 대한 관심이 높아졌고, 이데올로기 차원이 아니라 학구적인 면에서 칼 마르크스와 레닌에 관한 저서를 번역 출판하는 경향이 짙었다.[8] 일본에서는 1919년에서 이듬해에 걸쳐 3종의 『자본론』이 번역 출간될 정도로 관심이 높았다. 1924년에는 완역이 출간되었고, 몇 년 뒤에는 염가판(改造社 출판)이 발행되어 많은 독자를 얻었다.[9] 국내에도 1922년에는 서울청년회, 화요회, 북풍회 등의 사회주의 조직들이 결성되고 신문에도 사회주의 논조의 기사가 많이 실렸다.[10]

그러나 1927년 무렵에는 사상 서적의 단속이 강화되었다. 민족운동과 공산운동 등 이른바 '과격사상' 성향의 단체가 동경과 오사카에서 인쇄한 팸플릿, 리프레트 등을 조선으로 우송하여 보내기 때문에 이를 어떻게 단속할 것인지 일본 각지의 경찰 당국과 연락을 취하기 시작했다.[11]

1929년의 경우 일본에서 조선으로 들어오는 일간지 36종의 보급부수는 15만 부에 달했다. 이는 조선에서 발행되는 신문 총부수 15~17만에 거의 육박하는 수준이었다. 잡지도 10만 부 정

---

8 최준, 「한국의 출판연구 - 1910년으로부터 1923년까지」, 『중대논집』 9, 중앙대, 1964, 335면.

9 鈴木敏夫, 『出版 好不況下 興亡一世紀』, 東京 : 出版ニュース社, 1970, 169~170면.

10 정진석, 「일제강점기의 출판환경과 법적 규제 - 1920~1930년대 조선총독부의 출판통계를 중심으로」, 근대서지학회, 『근대서지』 6호, 2012, 소명출판, 135~163면.

11 「管外 출판물을 取締코자 각지 경찰과 교섭, 조선 내의 각 단체 취체망을 떠나 일본 가서 출판을 해 온다」, 『조선일보』, 1927.7.7.

도가 일본에서 들어왔다. 중국에서도 10여 종의 신문과 잡지가 유입되었다. 러시아 방면에서는 4~5종의 간행물이 유입되었으나 경찰의 철저한 단속으로 완전히 차단되었다.[12] 1931년의 만주사변 이후에는 단속이 더욱 엄중했다. 1932년 3월에는 서울의 민중서원, 동광당서점, 신흥서점 주인을 검거하여 검찰에 송치했다. 이들 서점은 수년 전부터 동경과 오사카에서 몰래 적색서적을 수입하고, 서울에서 비밀 출판된 팸플릿 등을 비밀 판매한 혐의였다.[13]

사상서적의 유입을 사전에 철저하게 차단하기 위해서 경찰은 만주 방면 국경지대의 검열을 강화했다.[14] 부산에는 공산주의, 무정부주의 선전물과 함께 외설적인 출판물까지 밀려들어오자 검열에 눈코 뜰 사이가 없었다. 경무국은 1934년에는 신의주, 투먼(圖們), 부산에 상주 검열관을 파견할 계획을 세웠다.[15] 1940년 7월에는 서울 시내 각 경찰서 고등계 형사들이 서점을 일제히 검색하여 적색서적을 압수했다. 그 가운데는 적색서적이 아닌 『월남 이상재』와 같은 책도 포함되어 있었다.[16]

12 「사상을 실고 다니는 40여만 간행물, 일본서 오는 것이 제일 만코 赤露서 유입은 엄중금지」, 『조선일보』, 1929.10.20.

13 「赤色서적을 판매타 발각되여 被捉」, 『매일신보』, 1932.4.1.

14 「출판물에 숨은 사상, 검열망으로 철저단속, 사상대책으로 출판물을 취체, 부산에 도서과 신설」, 『동아일보』, 1933.7.11; 「정신 양식에 빈약한 조선, 신문화 흡수에 급급, 일본서 각종 출판물 막 밀려, 부산 검열계 眼鼻莫開」, 『동아일보』, 1933.12.2.

15 「사상서적 수입 거이 금지적으로 압수」, 『조선일보』, 1934.2.24; 「신의주에도 檢閱課 독립, 사상출판물 취체코저 내년도에 실시 복안」, 『동아일보』, 1933.7.18; 「밀수입 赤書 방지코저 남북에 검열진 계획, 만주로부터 오는 것도 늘어가 금후엔 출판경찰도 강화」, 『동아일보』, 1934.6.10.

16 「府內 각 서점 일제검색, 적색서적 다수압수, 종로서 천 오백권 本町서 70권」, 『조선일보』, 1940.7.15.

4. 신동아 부록 금지도서 목록

일제강점기의 금지도서를 전문가들이 모여 처음으로 고찰하고 이를 정리한 자료가 『신동아』 1977년 1월호 별책부록 『일정하의 금서(禁書) 33권』이다. 금지 도서를 종합적으로 정리한 자료라는 점에서 내용을 소개해 본다. 부록은 3부로 구성되어 있다. 금서목록의 구성과 선정 기준은 다음과 같다(별책부록 「범례」).

제1부 「일정하의 금서 33권」: 제3부의 전체 목록 가운데 중요한 도서 33권을 고른 것이다. 전문을 실은 것도 있고, 지면 관계로 일부를 발췌한 경우도 있다. 33권 가운데는 제3부의 발매금지 도서목록에 포함되지 않은 것도 있는데, 그 분야 전문가 7인의 의견에 따라 선정했다.

제2부 좌담 : 「일정하 발금도서의 성격」. 전문가 7인이 이 부록의 제작원칙과 33권의 선정을 위해서 가진 토론 내용이다. 좌담 참석 전문가 7인은 윤병석(尹炳奭, 인하대 사대 교수; 司會), 김근수(金根洙, 중앙대 한국학연구소 부소장), 김윤식(金允植, 서울대 인문대 부교수), 백순재(白淳在, 서지학자), 신용하(愼鏞廈, 서울대 사회대 부교수), 이광린(李光麟, 서강대 문과대 교수), 이현종(李鉉淙, 국사편찬위원회 편사실장).

제3부 자료 : 「일정하 발금도서목록(發禁圖書目錄)」. 일제의 강압에 따라 출판법이 제정 발효된 이후 일제 말까지 국내에서 발매금지된 간행물을 총 정리한 목록이다. 도서를 금지한 구체적인 기간은 출판법 공포(1909.2.23) 직후 1909년 5월부터 1941년 1월 31일 사이에 금지된 도서목록이다. 1941년 1월은 앞의 자료 『조선총독부 금지단행본목록(朝鮮總督府 禁止單行本目錄)』

을 하한선으로 잡았음을 의미한다. 7인 선정 위원 가운데 앞서 안춘근이 1965년에 발표한 논문도 같은 자료를 토대로 하였던 것으로 보아 안춘근이 추천한 자료가 목록 작성에 활용되었을 것이다. 목록은 다음 원칙에 따라 구성하였다.

① 총독부가 발행을 금지한 '단행본' 가운데 국문과 한문(중문) 서적으로 한정하였다. 외국 서적은 우리말로 번역된 것만 포함시켰다. 일본 서적은 원칙적으로 제외하되 한국문제와 관련하여 문제성이 있는 것만 수록하였다. 따라서 신문 잡지 팸플릿, 격문, 전단 등은 제외했다. 또한 사회주의 서적과 음란 서적은 극히 일부만 수록하였다.

② 목록은 총독부 경무국이 간행한 『경무월보』, 『경무휘보』, 『금지단행본목록』, 『문헌보국』에 실린 발매금지 목록을 ①의 기준에 따라 정리했다.

③ 원본이 일어로 된 목록은 국문으로 고치고 연대표기는 광무, 융희, 일본과 중국의 연호, 단기 및 대한민국 임시정부 연기 등은 모두 서기로 바꾸었다.

④ 목록은 발매금지처분 연월일 순으로 정리하였다.

이같은 기준으로 정리한 것이지만, 이 기준에 따르지 않은 팸플릿 종류도 포함되어 있다. 이리하여 『신동아』 1977년 1월호 별책부록은 금지도서 약 487종을 목록으로 만들었다.

총독부 경무국 도서과는 매월 발행하는 『조선출판경찰월보(出版警察月報)』와 1년 단위의 『조선출판경찰개요(出版警察概要)』를 비롯하여 다양한 주제의 비밀 자료집을 만들었다. 특히 1928년 9월부터 1938년년 12월까지 발행한 『조선출판경찰월보』에는 당월에 발행을 금지한 출판물을 기록하였는데 단행본을 비롯하여 출판법에 의해 발행된 잡지의 기사도 포함되어 있다.[17]

일러두기

이 영인본 『일제강점기 금지도서 목록』은 다음 서지사항을 염두에 두고 이용하길 바란다.

① 총독부 경무국이 1933년 11월에 출간한 『조선문 · 지나문간행물 행정처분색인(朝鮮文 · 支那文刊行物 行政處分索引)』(1928.10~1933.5.31)과 1937년 6월의 『조선문 · 지나문간행물 행정처분색인(朝鮮文 · 支那文刊行物 行政處分索引)』(1928.10~1937.5.31)을 묶어서 영인하였다.

② 금서목록의 원본은 수첩 크기로 간편하게 만들어 언론 통제 실무부서에서 활용하도록 편찬하였다.

③ 간기(刊記)는 없고, 인쇄처는 조선인쇄주식회사로 되어 있다.

④ 앞서 설명한 대로 금지도서를 일본어 가나(カナ)순으로 정리하였다. 특이한 점은 일본어 50음순으로 정리한 항목 다음에는 빈 공간을 두어 목록에 없는 도서는 실무자가 직접 기재할 수 있도록 한 것이다. 2면을 공란으로 남겨둔 항목이 많지만 5면까지 공란인 경우도 있다. 60면에서 64면을 공란으로 둔 것이 그런 예이다. 영인본에서는 2면 이상의 공란면을 1면만 남기고 제외하였다.

---

17 이에 관해서는 정진석 편, 「해제」, 『극비, 조선총독부 언론탄압자료총서』 제1권, 한국교회사문헌연구원, 2007; 정진석, 『극비 조선총독부의 언론검열과 탄압』, 커뮤니케이션북스, 2008 참고.

⑤ 1941년 1월에 간행된 『금지단행본목록』은 이 색인을 토대로 그 이후에 금지한 도서 목록을 추가한 것이다.

⑥ 자료를 영인하면서 실물보다는 약간 크게 만들어 연구자들이 보기에 편하도록 하였음을 밝혀둔다.

⑦ 1933년 11월에 처음 간행한 색인(1928.10~1933.5.31)은 일본에서 금지된 도서를 앞에 넣고 한국어와 한문(또는 중국어) 도서를 뒤에 수록하였다.

⑧ 1937년 6월 간행 색인(1928.10~1937.5.31)은 한국어 · 한문(또는 중국어) 금지도서만 수록하였다.

⑨ 이 책을 소지했던 본정경찰서(지금의 중부경찰서) 고등계 형사가 군데군데 메모한 필적이 남아 있다. 당시의 도서 압수 상황을 이해할 수 있는 자료로 판단되어 그대로 두었다.

(ワ)

題號	著者又ハ編輯者名	發行年月日	發行地	處分年月日	處分理由
왜?	(鮮文)	昭和四、三、一	星ノ國社	昭和七、六、六	治安
和睦	(同)	八、三、三	東京 萬國聖書研究會	八、六、二四	同

(ロ)

題號	著者又ハ編輯者名	發行年月日	發行地	處分年月日	處分理由
勞働組合의이야기	(鮮文)	昭和年月日 一九二七、八、一	東京 無國人社	昭和年月日 五、二、	治安
勞働者의살길	(同)	一九三〇、六、一	尻ケ崎兵庫縣 朝鮮勞働組合出版部	五、六、	同

（レ）

題號	著者又ハ編輯者名	發行年月日	發行地	處分年月日	處分理由
		昭和年月日		昭和年月日	
레닌主義의基礎	（鮮文）	五、四、一		五、四、	治安
蓮山集	（同）			五、八、	同
レーニン主義談話（第二改正版）	（同）	一九三三、	ハバロッスク遠東國出版部	九、三、一六	同
レーニン主義の基本に對して	（同）	一九三三、一	モスコー外國勞働者出版部	九、四、二二	同
嶺誌聚選	（漢文）	二、三、	慶南金海李鍾式	一一、三、二四	出版法違反

(ヨ)

題號	著者又ハ編輯者名	發行年月日	發行地	處分年月日	處分理由
豫言書（鮮文）		不詳	山口縣	昭和二、五、二五	治安

（メ）

題號	著者又ハ編輯者名	發行年月日	發行地	處分年月日	處分理由
盟赴錄	（鮮文）	昭和年月日 四、四、	全北 崔勉庵	昭和年月日 四、四、	治安
메ー데五月一日의意義와歷史	（同）	五、四、一〇	豐橋市 鄭場	五、四、	同
메ー데意義附메ー데歌	（同）	五、八、二三	京城 申泰三	一〇、八、三〇	同
メーデとは何か及その歷史	（同）	不詳	不詳	一一、五、二五	同
메 ー 데	（同）	五、八、二三	京城 申泰三	一三、一、一四	同

七五

（ム）

題號	著者又ハ編輯者名	發行年月日（昭和年月日）	發行地	處分年月日（昭和年月日）	處分理由
無産者讀本	（鮮文）	一九二九、一一、一		五、一、	治安
無産獨裁의十二年	（同）	一九三〇、	浦鹽 黨幹部	六、六、	同
문제와 대답	（同）	一九三四、	モスコー外國勞働者出版部		同
無軌列車	（同）	九、八、一	東京 土民社	九、八、九	同
無窮花 꼿송이	（同）	一二、一〇、一〇	京城 姜義永	一三、一、一五	同

七三

（ミ）

題號	著者又ハ編輯者名	發行年月日（昭和年月日）	發行地	處分年月日（昭和年月日）	處分理由
民族問題	（鮮文）	一九二九、	ハバロフスク 遠東邊彊人民敎育部	五、三、	治安
民族鬪爭運動	（支文）		支那成都	七、五、二〇	同
民衆の鐘（原名時ノ福音）	（鮮文）	八、八、一六	東京新世紀	八、九、二	同

(マ)

題號	著者又ハ編輯者名	發行年月日 昭和年月日	發行地	處分年月日 昭和年月日	處分理由
맑쓰主義經濟學	(支文)		南京레닌主義社	五、四、	治安
萬抽詩集	(鮮文)	五、五、二九	慶南 盧定容	五、六、	同
滿洲에서와日中紛糾의新戰爭의危機	(同)	一九三二、	遠東國營出版部	七、四、二三	同
萬寶山事件及朝鮮慘案	(支文)	六、八、八	南京	六、一〇、一九	同
滿洲의情勢	(鮮文)	一九三二、	朝鮮革命黨宣傳委員會	七、一、二七	同

六九

(ホ)

題號	著者又ハ編輯者名	發行年月日	發行地	處分年月日	處分理由
暴日入寇東北實錄	(支文)	昭和年 月 日	上海中國國民黨	昭和年月日 七、一、二一	治安
暴日蹂躪東北之眞相(上)	(同)	民國二〇、一〇、	中國々民黨	七、四、二一	同
北方紅旗第三期	(同)	一九三二、六、五		七、七、五	同
法律와强權	(鮮文)	七、一一、二〇	東京 黑友聯盟	七、一一、二五	同
北鄕	(同)	不詳	滿洲國間島	九、四、五	同

（へ）

題號	著者又ハ編輯者名	發行年月日	發行地	處分年月日	處分理由
平民之友	（支文）	昭和年月日 一九二九、一二、一六		昭和年月日 五、二、一〇	治安

六五

(ㄱ)

題號	著者又ハ編輯者名	發行年月日	發行地	處分年月日	處分理由
		昭和年月日		昭和年月日	
福音	(鮮文)	一九三〇、一二、一三	高、共、青 滿洲總局	八、五、	治安
불별(푸로레다리아童謠集)	(同)	六、三、一〇	京城中央印書館	八、五、一八	同
復興國語敎科書(第八册)	(支文)	三、八、	上海	九、六、一二	同
同(七、八月初版)	(同)	三、	同	一〇、七、七	同
復興社會敎學法(第六册)	(同)	發行日不詳	同	一〇、一二、二六	同
復興社會敎科書(初版第七册)	(同)		同	一〇、一二、二六	同
文山遺稿	(漢文)	一一、一一、三〇	慶南山淸郡 梁定鉉	一一、一二、二	出版法違反

（八）

題號	著者又ハ編輯者名	發行年月日	發行地	處分年月日	處分理由
犯罪와災難	（鮮文）	昭和七年一月三日	東京萬國聖書研究會	昭和八年六月一六日	治安
하나님의거문고	（同）	大正一三、一〇、一五	京城望臺聖經基督教書會	八、七、三	同

（ノ）

題號	著者又ハ編輯者名	發行年月日（昭和 年 月 日）	發行地	處分年月日（昭和 年 月 日）	處分理由
農民讀本	（鮮文）		浦鹽先鋒新聞社	四、一、	治安
農村經濟의社會主義的改造	（同）	一九三一、	遠東國營出版社	七、四、二三	同

五七

日鮮僑民學校適用復興常識教科書（初版）初小第七册	（支文）	二六、一、	上海	三、三、一二 治安
同 同（初版）初小第八册	（同）	二六、一、	同	三、三、一三 同

五二

（二）

題號	著者又ハ編輯者名	發行年月日	發行地	處分年月日	處分理由
日本田中內閣侵略滿蒙之積極政策	（支文）	昭和年 月 日	上海新聲通信社	昭和年 月 日 六、九、一六	治安
日本強權機關破壞宣言	（同）		廈門	六、一一、一一	同
日本田中內閣侵略滿蒙之積極政策	（同）		上海機製國貨工廠聯合會	六、一三、一	同
同	（同）		中國國民黨上海特別市執行委員會	六、一三、一	同
日本ノ所謂五項基本ノ原則及二十一箇條件ヲ反駁ス	（同）		上海中國々民黨	七、一、二二	同
日報ノ傳フル所ノ此次東北問題	（同）抗日叢刊七號		北平	七、三、二三	同
日本勢力下ニ十年來之滿蒙	（同）	民國 二〇、一二、二三	上海 華通書局	七、五、四	同
日本田中侵略滿蒙積極政策奏稿與註釋	（同）	同 二〇、一二、二五（二十六版）	同 日本研究社	七、八、八	同
日鮮僑民學校適用復興常識教科書（初版）初小第三册	（同）	二六、一、	上海	一二、三、一二	同
同 同（初版）初小第五册	（同）	二六、一、	同	一二、三、一二	同

五一

(ナ)

題號	著者又ハ編輯者名	發行年月日	發行地	處分年月日	處分理由
名古屋合同勞働組合第二回會議録	(鮮文)	昭和二、七、一	名古屋	昭和二、七、三	治安
南平三綱録	(漢文)	二、八、四	京城 徐鳳烈	二、九、二	出版法違反

四九

（ト）

題號	著者又ハ編輯者名	發行年月日	發行地	處分年月日	處分理由
東溪遺稿	（鮮文）	昭和年月日 五、六、	忠北 安相哲	昭和年月日 五、六、	治安
東方問題研究會成立宣言	（支文）		北京	五、一〇、一六	同
東方問題研究會入會書	（同）		同	五、一〇、一六	同
東省韓僑情勢	（同）	一九三〇、三	東三省	六、五、二八	同
東北事件	（同）抗日叢刊七號		北平	七、三、三	同
東北視察記	（同）	民國 二一、二、（初版）	上海 現代書局	七、五、九	同
屠倭實記	（同）	同 二一、一二、一	同 韓人愛國團	八、九、二七	同
圖書目錄	（同）	一九三三、	上海新生命書局	九、四、九	同

（テ）

題號	著者又ハ編輯者名	發行年月日	發行地	處分年月日	處分理由
天堂鐘聲	（鮮文）	昭和年月日 一九二九一一、一	滿洲 火焔社	昭和年月日 五、二、	治安
天堂과煉獄	（同）	七、一、三	東京 萬國聖書研究會	八、六、一六	同
天國	（同）	七、二、三	同 同	八、六、一六	同
天堂與煉獄	（支文）	一九三三、一〇、	上海 守望樓聖書社	八、六、二〇	同
「テーゼー」と決議	（鮮文）	一九三四、	モスコー外國勞働者出版部	九、五、一五	同
天主教聖歌	（同）	一〇、三、三一	大邱 權裕良（佛人）	一〇、四、六	同

四五

朝鮮總督府 女子高等 朝鮮語讀本豫習書（卷二）	（鮮文）	一〇、四、一〇	京城 盧益亨	一〇、四、八	治安
中學教科適用中國形勢一覽圖（一冊）	（支文）	二三、七、	上海	一〇、七、三一	同
中國痛史（二冊）	（同）	七、七、	同	一〇、一二、二六	同
朝鮮語入門	（鮮文及獨文）	一一、一二、八	咸南德源洪泰華（獨逸人）	一一、一二、一〇	同

（チ）

題號	著者又ハ編輯者名	發行年月日	發行地	處分年月日	處分理由
朝鮮獨立運動史	（鮮文）	昭和年 月 日	上海	昭和年二、五、三 月 日	治安
致富秘訣養蜂法	（同）	一九二九、一一、二九	滿洲焰社	四、一二、	同
中國共產黨日本共產黨聯合シテ中日兩國ノ勞苦民衆ニ告ク宣言	（支文）		中國、日本共產黨中央委員會	四、三、一八	同
朝鮮往何處去	（同）	一九二九、三、一五	廈門 新朝鮮社	四、八、八	同
朝鮮運動論	（鮮文）			五、八、	同
朝鮮XX當面問題	（同）	六、三、二六	東京 無產者社	六、三、	同
朝鮮亡國慘史	（支文）	民國二一、一、	上海道路月刊社	七、七、一	同
朝鮮、日本、中國의革命的勞働組合運動이任務	（鮮文）	一九三二、三（初版）	太平洋勞働組合秘書部	七、九、一四	同
朝鮮耶蘇教長老會平北老會第四十三回會錄	（同）	八、三、二一	平北 朴贊斌	八、三、二三	同
朝鮮總督府朝鮮語及漢文讀本中等教育（學習書卷二）	（同）	一〇、四、一〇	京城 盧益亨	一〇、四、八	同

四一

（タ）

題號	著者又ハ編輯者名	發行年月日	發行地	處分年月日	處分理由
團體의結合運動의當面의課業	（鮮文）	昭和年月日 一九二九、	浦鹽現團體結合部	昭和年月日 五、三、	治安
第一次五ヶ年計畫の總決算	（同）	一九三三、	モスコー外國勞働者出版部	九、一、二一	同
大韓國愛國歌	（同）	不詳	米國桑港在韓人同民會安益泰	二、三、四	同
大東名賢綱倫集	（漢文）	二、四、二〇	慶南蔚山邑文基洪	二、四、二三	出版法違反

(ソ)

題號	著者又ハ編輯者名	發行年月日	發行地	處分年月日	處分理由
總理誕辰紀念宣傳大綱	(支文)	昭和年月日	中國國民黨	昭和年月日 六、一一、六	治安
孫文學説(韓譯)	(鮮文)	一九二五ノ夏	支那廣州市革新社	一〇、八、二〇	同

全同盟레닌共產青年會第九回大會決議	(鮮文)	一九三一、	遠東國營出版社	七、四、	治安
全同盟사벳트第六回大會쏠호ㅣ쓰建設에對하야	(同)	一九三一、	國營聯合出版部遠東邊疆支部	七、四、	同
政府	(同)	六、一〇、三	東京 萬國聖書研究會	八、六、一	同
戰爭歟平和歟	(支文)	一九三三、五	上海 守望樓聖書社	八、六、二〇	同
性病指達(四版)	(同)	二三、三、	上海	九、七、二八	風俗
政治學教科書(候補黨員學校用第二改正版)	(鮮文)	一九三三、	ハバロフスク 遠東國出版部	九、三、一六	治安
全同盟ボルセビク共產黨歷史	(同)	一九三三、	同	九、三、一六	同
全同盟共產黨中央委員會事業報告	(同)	一九三四、	モスコー外國勞働者出版部	九、五、一五	同
聖經問答	(同)	七、六、二〇	京城 班禹臣(米人)	一〇、四、一六	治安
聖書畵報解說(稻子版)	(同)	不詳	慶南馬山府 柳永完	一一、七、一	同
全州李氏義平君派譜	(同)	一一、一二、一五	京城 李龜植	一一、一二、一〇	同
性的教育(衛生叢書の一)	(支文)	發行日不詳	上海	一二、二、一〇	風俗

(七)

題號	著者又ハ編輯者名	發行年月日 昭和年月日	發行地	處分年月日 昭和年月日	處分理由
全同盟共産黨(多數派)레닌共産青年會憲章	(鮮文)		浦鹽先鋒新聞社	四、一、	治安
聖書新解	(同)	一九三〇、一、二〇	朝鮮耶蘇教長老會	五、六、	同
同	(同)	一九三〇、二、二〇	同	五、六、	同
宣言、闘爭、條件、部約	(同)	一九二九、國際青年記念日	在滿農民同盟青年部	五、六、	同
새노래	(同)「元宗」ナル宗教類似團體ノ秘密出版			五、八、	同
全同盟共産黨(多數派)中央幹部十一月부터데담의決議의總和	(同)	一九二八、	全國同盟共産黨海參縣幹部	五、一一、	同
全同盟레닌共産黨青年會略史	(同)	一九二九、	浦鹽遠東出版部	六、七、	同
全同盟共産黨中央幹部의第十六次代表會에서한政治事業報告	(同)	一九三〇、	クスノエゼルロ	六、九、	同
精選朝鮮歌謠集(第一輯)	(同)デーゼヘンドフオード	六、一一、三〇	京城	七、一、	同
請看暴日陰謀	(支文)		上海中國々民黨	七、一、一二	同

同 同 (初小第七冊)一九五版	(支文)	二四、一、	上海	三一、一、四	治安
新課程標準教員用初小常識教學法 (第五冊) 八版	(同)	二四、三、	同	三一、一、四	同
同 同 (第七冊)八版	(同)	二四、二、	同	三一、一、四	同

三一

三〇

新課程標準適用小學常識課本（初級第八冊）一〇版	（支文）	三、七、	上海	一〇、一三、一六	治安
小學地理課本（一冊）	（同）			一〇、一三、一六	同
小學高級用新中華地理課本（第二冊）一二七版	（同）	一三、一三、	同	一〇、一三、一六	同
小學校初級用新中華國語讀本（七冊）	（同）	二〇、一二、二七	同	一〇、一三、一六	同
詩壹齋選編	（漢文）	昭和二、八、一五	全州府 松尾代十郎	一一、八、一〇	同
初小三年級上級期用常識課本（第五冊）一〇三版	（支文）	二四、八、	上海	一三、一、四	同
初小三年級下學期用常識課本（第六冊）九九版	（同）	二五、二、	同	一三、一、四	同
初小四年級上學期用常識課本（第七冊）七八版	（同）	二四、八、	同	一三、一、四	同
初小四年級下學期用常識課本（第八冊）六九版	（同）	二四、一、	同	一三、一、四	同
新課程標準適用復興國語課本（初小第六冊）三〇版	（同）	二四、一、	同	一三、一、四	同
同 同（初小第八冊）二〇版	（同）	二三、九、	同	一三、一、四	同
同 同（初小第五冊）三六五版	（同）	二四、六、	同	一三、一、四	同

小學國語讀本（初級六冊）	（支文）	二三、七、	上海	九、四、二四	治安
新課程標準（下冊）	（同）	發行日不詳	同	九、四、二四	同
人獸家庭（第一集）	（同）	二三、一、	天津	九、五、二四	風俗
識字運動（一冊）	（同）	二三、三、	中國々民黨中央執行委員會	九、六、一六	治安
上海的將來（一冊）	（同）	二三、一、	上海	九、六、一六	同
人生必知聖經讀本	（鮮文）	昭和一〇、四、一三	大邱 安斗華（米人）	一〇、四、六	同
詩文放浪	（同）	一〇、七、五	東京 朴一權	一〇、七、一二	風俗
新編國音唱歌中集（一冊）	（支文）	（發行日附ナシ）	青島	一〇、九、六	治安
小學高級學生用新主義國語讀本（第一冊）	（同）	一六、八、	上海	一〇、九、三〇	同
小學高級學生用三民主義課本（第一冊）	（同）	一八、一二、	同	一〇、九、三〇	同
小學初級用復興社會教學法（第七冊）	（同）		同	一〇、一一、一二	同
申報六十週年暑期徵求學生文選（一冊）	（同）	發行日不詳	同	一〇、一二、一二	同

二九

新時代地理教科書(第三冊)	(支文)		民國一八、六 七〇版	上海商務印書館	七、三一八	治安
同(第四冊)	(同)		一八、七 九〇版	同	七、三一八	同
新時代三民主義教科書(第四冊)	(同)		一八、三 六五版	同	七、三一八	同
常識課本(第八冊)	(同)	蔣鏡芙 吳杜仙	一八、六 九版		七、三一八	同
新戰爭의危機와우리들이國防	(鮮文)		一九三一、	國營聯合出版部 遠東邊疆支部	七、四、	同
十九路軍抗日戰史	(支文)		民國二一、四 第一集	上海戰地新聞社	八、五、二九	同
上帝國世界的希望	(同)			同守望樓聖書社	八、六、一六	同
審判	(鮮文)		六、一、五	東京萬國聖書研究會	八、六、一六	同
初等及中等學校社會學教科書(第三學年用)	(同)		一九三一、	ハバロフスク 遠東國出版部	九、三、一六	同
小學常識課本教學法(初級二冊)	(支文)		二三、一、	上海	九、四、二四	同
同(初級六冊)	(同)		二三、一一、	同	九、四、二四	同
小學國語讀本(初級八冊)	(同)		二三、一、	同	九、四、二四	同

二八

（シ）

題號	著者又ハ編輯者名	發行年月日	發行地	處分年月日	處分理由
資本主義의解剖	（鮮文）	昭和年月日 三、七、二〇	東京 勸讀社	昭和年月日 四、七、	治安
弱小民族之革命方略	（支文）	民國 一八、六	上海 群衆圖書公司	四、九、一九	同
女工의노래	（鮮文）			五、一、	同
四季長春愛情小說	（同）	一九三〇、一	高麗共產黨青年會	五、三、	同
十月革命及中國第一次全國ソヴエット代表大會	（支文）			五、一一、一〇	同
新主義	（鮮文）		「元宗」ナル宗教類似團體ノ秘密出版	五、八、	同
初等本國地理（卷一）	（同）	檀紀 四二六〇、六、二〇	遼寧省旺清門教育聯合會	六、五、	同
人民經濟發展의五年間計畫	（同）	一九二九、	海蔘縣黨幹部	六、九、	同
諸情勢及政策第一次修正案	（同）	一九三一、四、	朝鮮革命黨	六、六、	同
新時代三民主義教科書（第二冊）	（支文）	民國 一八、八 一八五版	上海商務印書館	七、三、一八	同

（サ）

題號	著者又ハ編輯者名	發行年月日	發行地	處分年月日	處分理由
在滿運動의現勢	（鮮文）	昭和年月日 一九二九、一二、二九	運動者懇談會	昭和年月日 四、六、二三	治安
三民主義考試指南	（支文）	民國 一七、六 初版	上海 公民書局	四、八、七	同
三民主義	（同）	一六、二 初版	同	四、八、七	同
三民主義淺釋	（同）	一八、二 十一版	同 三民公司	四、一〇、三一	同
蔘茸補益水	（鮮文）	一九二九、一二、二〇	滿洲焔社	四、一二、二六	同
三民主義民生問題	（同）	一九三〇、一、一〇	全中華總工會	五、六、二七	同
産業役軍의任務에對하야	（同）	一九三一、	國營聯合出版部遠東邊疆支部	七、九、一四	同
상해시가전에경흠	（同）	一九三四、	モスコー外國勞働部出版部	九、七、二四	同
사람이맛당히공경할신	（同）	四、九、一三	京城 禹斗珠（米人）	一一、一〇、二八	同

二五

國貨標本（一冊）	（支文）	二三年六月	上海	九、八、二七	治安
互助結晶	（同）	一九年三四月八、三〇	同	九、九、二八	同
國難記	（同）	日附不詳	北平	一〇、三、八	同
國恥講演集	（同）	二三、七、一	上海	一〇、六、二六	同
高級小校歷史課本教學法（第二冊再版）	（同）	一八年五月	同	一〇、一二、二六	同
後石集（全十三冊）	（漢文）	昭和九、六、一六	京城 吳東洙	一一、九、二四	出版法違反

(コ)

題號	著者又ハ編輯者名	發行年月日	發行地	處分年月日	處分理由
國慶記念宣言大綱	(支文)	民國年月日 一八、一〇、一〇	中國國民黨	昭和年月日 四、一、八	治安
高麗共產黨青年會滿洲總局臨時憲章	(鮮文)			五、七、	同
抗日救國歌	(支文)			六、一一、一八	同
抗日救國歌曲集	(同)		上海中國々民黨	七、一、二一	同
國內情勢	(鮮文)	一九三二、	朝鮮革命黨宣傳委員會	七、一、一七	同
五月一日	(同)	一九三二、	國營聯合出版部遼東邊疆支部	七、四、二三	同
끌호쓰建設者(第二編)	(同)	一九三二、		七、一〇、二七	同
國際現象畫報	(支文)	民國 二二、一二、五	上海	七、一二、二〇	同
今生億萬人은永生不死하리라	(鮮文)	大正 一五、三、二五	京城望臺聖經及基督教書會	八、六、二九	同
同	(同)	再版ノ分 一〇、七、一〇	京城萬國聖書研究會	八、七、一	同

二一

（ケ）

題號	著者又ハ編輯者名	發行年月日	發行地	處分年月日	處分理由
現段階의朝鮮	（鮮文）	昭和年月日 五、五、一	東京 魏水春	昭和年月日 五、五、九	治安
研究東方問題是我們共同的責任	（支文）		北京	五、一〇、一六	同
警告	（鮮文）	七、九、一〇	東京 燈臺社	八、六、二八	同
決定書	（同）	一九二四、	モスコー外國勞働者出版部	九、八、九	同
建國紀元節에臨하야	（同）	大韓民国 一八、一〇、三	上海臨時政府	一一、一二、一五	同
建國紀元節을迎하야	（同）	不詳	上海韓國々民黨	一一、一二、一五	同
建國紀元節	（同）	不詳	同 韓國々民黨青年團	一一、一二、一五	同

(中)

題號	著者又ハ編輯者名	發行年月日	發行地	處分年月日	處分理由
記念廣州大慘殺中國濟難總會印發	(支文)	昭和年月日	中國濟難總會印行	昭和四年、二月、二三日	治安

一五

華僑與中國革命（一册）	（支文）	二三年二月	南京	一〇、三、一三	治安
韓國々民黨青年團創立宣告	（鮮文）	不詳	同	一一、八、二五	同
韓氏四代譜	（同）	二年二月	咸興府 韓熙夔	一一、一二、二三	出版法違反
韓國々民黨三一紀念宣言	（同）	不詳	南京	一三、三、八	治安
韓國々民黨青年團三一節宣言	（同）	不詳	同	一三、三、八	同

（カ）

題號	著者又ハ編輯者名	發行年月日	發行地	處分年月日	處分理由
		昭和年月日		昭和年月日	
韓國獨立運動血史	（支文）		上海	二、五、三	治安
韓國三一記念宣傳大綱	（同）	一九三〇、二、二〇	同	五、四、八	同
改正된面邑選擧戰에直面하야우리들의戰術	（鮮文）	六、三、一〇	京城 許一	六、三、一三	同
韓國經濟史	（同）	檀紀四二五三、一、二〇	大韓人國民會北米地方總會	六、一一、	同
韓國志士金石君講演集	（支文）			七、七、三	同
我恥	（同）魏鳴金		東北建新地學社	七、一一、三〇	同
가쁘詩人集	（鮮文）	七、四、一五 再版ノ分	京城 尹鍾悳	八、三、二七	同
同	（同）	六、一一、二七	同 集團社	八、五、一八	同
カール、マルクス	（同）	一九三三、五	モスコー外國勞働者出版部	九、四、二二	同
革命的危機ノ成長ニ對シテ	（同）	一九三四、	同	九、八、九	同

一一

(オ)

題號	著者又ハ編輯者名	發行年月日 (昭和年月日)	發行地	處分年月日 (昭和年月日)	處分理由
엇더케(골호즈)원은 유족하게되엿는가	(鮮文)	一九三四、	モスコー外國勞働者出版部	九、七、二四	治安
大本之話	北村隆三	六、一二、五	第二天聲社	一一、三、二七	同
恩津宋氏族譜(全四册)	(鮮文)	一一、八、一	慶北尚州郡 宋秉五	一一、八、一	出版法違反
音譜附脚本 少年少女歌劇集	(同)	一一、一二、一〇	京城 梁在璣	一二、一、二四	治安
音譜附脚本少年少女歌劇集(第一輯)	(同)	一一、一二、一〇	同 同	一二、一、一五	同

九

（エ）

題號	著者又ハ編輯者名	發行年月日	發行地	處分年月日	處分理由
エス、エス、エス、エル國防ノ擴充	（鮮文）	一九三四、	モスコー外國勞働者出版部	昭和年月日 九、八、九	治安

（ア）

題號	著者又ハ編輯者名	發行年月日	發行地	處分年月日	處分理由
壓制언제꽂일가	(鮮文)	昭和六年六月一五日	東京 萬國聖書研究會	昭和八年六月一日	治安

朝鮮文・支那文

刊行物行政處分索引

1937년 6월 발행

조선문 · 지나문 간행물 행정처분색인

朝鮮文 · 支那文 刊行物 行政處分索引

1928.10～1937.5.31

(ワ)

題號	著者又ハ編輯者名	發行年月日	發行地	處分年月日	處分理由
왜?	(鮮文)	昭和年月日 四、三、一	星ノ國社	昭和年月日 七、六、六	治安
和睦	(同)	八、三、三	東京 萬國聖書研究會	八、六、二四	同

五五

(ㅁ)

題號	著者又ハ編輯者名	發行年月日	發行地	處分年月日	處分理由
勞働組合의이야기	(鮮文)	昭和年月日 一九二七、八、一	東京 無國人社	昭和年月日 五、二、	治安
勞働者의살길	(同)	一九三〇、六、一	尼ケ崎兵庫縣 朝鮮勞働組合出版部	五、六、	同

(レ)

題號	著者又ハ編輯者名	發行年月日	發行地	處分年月日	處分理由
레닌主義의基礎	(鮮文)	昭和年月日 五、四、一		昭和年月日 五、四、	治安
蓮山集	(同)			五、八、	同

五
〇

조선문 · 지나문 간행물 행정처분색인   67
1933년판(1928.10~1933.5.31)

(メ)

題號	著者又ハ編輯者名	發行年月日	發行地	處分年月日	處分理由
盟赴錄	(鮮文)	昭和年月日 四、四、	全北 崔勉庵	昭和年月日 四、四、	治安
메ー데五月一日의意義와歷史	(同)	五、四、一〇	豐橋市 鄭場	五、四、	同

四九

四八

(ム)

題號	著者又ハ編輯者名	發行年月日	發行地	處分年月日	處分理由
無産者讀本	(鮮文)	昭和年月日 一九二九、三、一		昭和年月日 五、一、	治安
無産獨裁의十二年	(同)	一九三〇、	浦鹽黨幹部	六、六、	同

四六

（ミ）

題號	著者又ハ編輯者名	發行年月日	發行地	處分年月日	處分理由
民族問題	（鮮文）	昭和年月日 一九二九、	ハバロフスク 遠東邊疆人民教育部	昭和年月日 五、三、	治安
民族鬪爭運動	（支文）		支那成都	七、五、二〇	同
民衆の鐘（原名時ノ福音）	（鮮文）	八、八、一六	東京 新世紀	八、九、二八	同

四四

（マ）

題號	著者又ハ編輯者名	發行年月日（昭和年月日）	發行地	處分年月日（昭和年月日）	處分理由
맑쓰主義經濟學	（支文）		南京레닌主義社	五、四、	治安
萬拙詩集	（鮮文）	五、五、二五	慶南 盧定容	五、六、	同
滿洲에서의日中紛糾와新戰爭의危機	（同　）	一九三一、	遠東國營出版部	七、四、二三	同
萬寶山事件及朝鮮慘案	（支文）	六、八、八	南京	六、一〇、一九	同
滿洲의情勢	（鮮文）	一九三一、	朝鮮革命黨宣傳委員會	七、一、二七	同

四三

四二

(ホ)

題號	著者又ハ編輯者名	發行年月日	發行地	處分年月日	處分理由
		昭和年月日		昭和年月日	
暴日入寇東北實錄	(支文)		上海中國々民黨	七、一、二一	治安
暴日蹂躙東北之眞相(上)	(同)	民國二〇、一〇、	中國々民黨	七、四、二一	同
北方紅旗第三期	(同)	一九三一、六、五		七、七、五	同
法律 과 强權	(鮮文)	七、一一、二〇	東京 黑友聯盟	七、一一、二五	同

四〇

（ヘ）

題號	著者又ハ編輯者名	發行年月日	發行地	處分年月日	處分理由
平民之友（支文）		昭和年月日 一九二九、三、二六		昭和年月日 五、二、一〇	治安

三九

三八

(フ)

題號	著者又ハ編輯者名	發行年月日	發行地	處分年月日	處分理由
福音	(鮮文)	昭和年月日 一九三〇、三、三	高、共、青 滿洲總局	昭和年月日 八、五、	治安
불별 (푸로레다리아童謠集)	(同)	六、三、一〇	京城中央印書館	八、五、一八	同

三七

三六

（八）

題號	著者又ハ編輯者名	發行年月日	發行地	處分年月日	處分理由
犯罪와災難（鮮文）		昭和 七、一、三	東京 萬國聖書研究會	昭和 八、六、一六	治安
하나님의거문고（同）		大正 一三、一〇、一五	京城望臺聖經基督敎書會	八、七、三	同

三五

(ノ)

題號	著者又ハ編輯者名	發行年月日 (昭和年月日)	發行地	處分年月日 (昭和年月日)	處分理由
農民讀本	(鮮文)		浦鹽先鋒新聞社	四、一、	治・安
農村經濟의社會主義的改造	(同)	一九三一、	遠東國營出版社	七、四、二三	同

三二

(二)

題號	著者又ハ編輯者名	發行年月日	發行地	處分年月日	處分理由
日本田中內閣侵略滿蒙之積極政策	(支文)	昭和年 月 日	上海新聲通信社	昭和年 月 日 六、九、一六	治安
日本强權機關破壞宣言	(同)		厦門	六、一一、一一	同
日本田中內閣侵略滿蒙之積極政策	(同)		上海機製國貨工廠聯合會	六、一二、一	同
同	(同)		中國國民黨上海特別市執行委員會	六、一二、一	同
日本ノ所謂五項基本ノ原則及二十一箇條件ヲ反駁ス	(同)		上海中國々民黨	七、一、二一	同
日報ノ傳フル所ノ此次東北問題	(同) 抗日叢刊七號		北平	七、三、二三	同
日本勢力下ニ十年來之滿蒙	(同)	民國 二〇、一二、二三	上海 華通書局	七、五、四	同
日本田中侵略滿蒙積極政策奏稿與註釋	(同)	同 二〇、一二、一五 (二十六版)	同 日本研究社	七、八、八	同

三一

三〇

(ト)

題號	著者又ハ編輯者名	發行年月日	發行地	處分年月日	處分理由
東溪遺稿	(鮮文)	昭和年月日 五、六、	忠北 安相哲	昭和年月日 五、六、	治安
東方問題研究會成立宣言	(支文)		北京	五、一〇、一六	同
東方問題研究會入會書	(同)		同	五、一〇、一六	同
東省韓僑情勢	(同)	一九三〇、三	東三省	六、五、二八	同
東北事件	(同)抗日叢刊七號		北平	七、三、二三	同
東北視察記	(同)	民國 二一、二、(初版)	上海 現代書局	七、五、九	同
屠倭實記	(同)	同 二一、一二、一	同 韓人愛國團	八、九、二七	同

(テ)

題號	著者又ハ編輯者名	發行年月日（昭和年月日）	發行地	處分年月日（昭和年月日）	處分理由
天堂鐘聲	（鮮文）	一九二九、二、一	滿洲火焰社	五、二、	治安
天堂과煉獄	（同）	七、一、三	東京 萬國聖書研究會	八、六、一六	同
天國	（同）	七、二、三	同	八、六、一六	同
天堂與煉獄	（支文）	一九三一、一〇、	上海 守望樓聖書社	八、六、二〇	同

二七

二六

(チ)

題號	著者又ハ編輯者名	發行年月日 (昭和年月日)	發行地	處分年月日 (昭和年月日)	處分理由
朝鮮獨立運動史	(鮮文)		上海	二、五、三	治安
致富秘訣養蜂法	(同)	一九二九、一一、二九	滿洲焔社	四、一二、	同
中國共産黨日本共産黨聯合シテ中日兩國ノ勞苦民衆ニ告ク宣言	(支文)		中國、日本共産黨中央委員會	四、三、一八	同
朝鮮往何處去	(同)	一九二九、三、一五	厦門 新朝鮮社	四、八、八	同
朝鮮運動論	(鮮文)			五、八、	同
朝鮮XX當面問題	(同)	六、三、二六	東京 無産者社	六、三、	同
朝鮮亡國慘史	(支文)	民國二一、一 (初版)	上海道路月刊社	七、七、一	同
朝鮮、日本、中國의革命的勞働組合運動이任務	(鮮文)	一九三一、三	太平洋勞働組合秘書部	七、九、一四	同
朝鮮耶蘇教長老會平北老會第四十三回會錄	(同)	八、三、二	平北 朴贇斌	八、三、二三	同

二五

187

(タ)

題號	團體의結合運動의當面의課業
著者又ハ編輯者名	(鮮文)
發行年月日	昭和年月日 一九二九、
發行地	浦鹽 現團體結合部
處分年月日	昭和年月日 五、三、
處分理由	治安

(ソ)

題號	著者又ハ編輯者名	發行年月日	發行地	處分年月日	處分理由
總理誕辰紀念宣傳大綱	(支文)	昭和　年　月　日	中國國民黨	昭和六、二、六	治安

二一

全同盟레닌共産青年會第九回大會決議	(鮮文)	一九三二、	遠東國營出版社	七、四、	治安
全同盟사벳트第六回大會쏠호ㅣ쓰建設에對하야	(同)	一九三二、	國營聯合出版部遠東邊疆支部	七、四、	同
政府	(同)	六、一〇、三	東京 萬國聖書研究會	八、六、一	同
戰爭歟平和、歟	(支文)	一九三二、五	上海 守望樓聖書社	八、六、二〇	同

一八

(セ)

題號	著者又ハ編輯者名	發行年月日 (昭和年月日)	發行地	處分年月日 (昭和年月日)	處分理由
全同盟共産黨(多數派)레닌共産青年會憲章	(鮮文)		浦鹽先鋒新聞社	四、一、	治安
聖書新解	(同)	一九三〇、一、二〇	朝鮮耶蘇敎長老會	五、六、	同
同	(同)	一九三〇、二、二〇	同	五、六、	同
宣言、鬪爭、條件、部約	(同)	一九二九、國際青年記念日	在滿農民同盟青年部	五、六、	同
새 노 래	(同)「元宗」ナル宗敎類似團體ノ秘密出版			五、八、	同
全同盟共産黨(多數派)中央・幹部十一月부레남의決議의總和	(同)	一九二八、	全國同盟共産黨海蔘縣幹部	五、一一、	同
全同盟레닌共産黨青年會略史	(同)	一九二九、	浦鹽遠東出版部	六、七、	同
全同盟共産黨中央幹部의第十六次代表會에서한政治事業報告	(同)	一九三〇、	タンスノエゼルロ	六、九、	同
精選朝鮮歌謠集(第一輯)	(同)テーゼヘンドフオード	六、一一、三〇	京城	七、一、	同
請看暴日陰謀	(支文)		上海中國々民黨	七、一、二一	同

一七

新時代地理教科書（第三冊）	（支文）		民國一八、六 七〇版	上海商務印書館	七、三、一八	治安
同（第四冊）	（同）		一八、七 九〇版	同	七、三、一八	同
新時代三民主義教科書（第四冊）	（同）		一八、三 六五版	同	七、三、一八	同
常識課本（第八冊）	（同）	蔣鏡芙 吳桂仙	一八、六 九版		七、三、一八	同
新戰爭의危機와우리몰이國防	（鮮文）		一九三二、	國營聯合出版部 遠東邊疆支部	七、四、	同
十九路軍抗日戰史	（支文）		民國二一、四 第一集	上海戰地新聞社	八、五、二九	同
上帝國世界的希望	（同）			同守望樓聖書社	八、六、一六	同
審判	（鮮文）		六、一、五	東京萬國聖書研究會	八、六、一六	同

(シ)

題號	著者又ハ編輯者名	發行年月日	發行地	處分年月日	處分理由
資本主義의解剖	(鮮文)	昭和年月日 三、七、二〇	東京 勸讀社	昭和年月日 四、七、	治安
弱小民族之革命方略	(支文)	民國一八、六	上海 群衆圖書公司	四、九、一九	同
女工의노래	(鮮文)			五、一、	同
四季長春愛情小說	(同)	一九三〇、一	高麗共產黨青年會	五、二、	同
十月革命及中國第一次全國ソヴエット代表大會	(支文)			五、一一、一〇	同
新主義	(鮮文)		「元宗」ナル宗教類似團體ノ秘密出版	五、八、	同
初等本國地理(卷一)	(同)	檀紀四二六〇、六、二〇	遼寧省旺淸門教育聯合會	六、五、	同
人民經濟發展의五年間計畫	(同)	一九二九、	海蔘縣黨幹部	六、九、	同
諸情勢及政策第一次修正案	(同)	一九三一、四、	朝鮮革命黨	六、六、	同
新時代三民主義教科書(第二冊)	(支文)	民國一八、八 一八五版	上海商務印書館	七、三、一八	同

一三

(サ)

題號	著者又ハ編輯者名	發行年月日	發行地	處分年月日	處分理由
在滿運動의現勢	(鮮文)	昭和年月日 一九二九、二、二九	運動者懇談會	昭和年月日 四、六、二二	治安
三民主義考試指南	(支文)	民國一七、六 初版	上海 公民書局	四、八、七	同
三民主義	(同)	一六、二 初版	同	四、八、七	同
三民主義淺釋	(同)	一八、二 十一版	同 三民公司	四、一〇、三一	同
蔘茸補益水	(鮮文)	一九二九、三、三〇	滿洲焰社	四、一二、二六	同
三民主義民生問題	(同)	一九三〇、一、一〇	全中華總工會	五、六、二七	同
産業役軍의任務에對하야	(同)	一九三一、	國營聯合出版部 遠東邊疆支部	七、九、一四	同

一一

10

(コ)

題號	著者又ハ編輯者名	發行年月日	發行地	處分年月日	處分理由
國慶記念宣言大綱	(支文)	民國年月日 一八、一〇、一〇	中國國民黨	昭和年月日 四、一一、八	治安
高麗共産黨青年會滿洲總局臨時憲章	(鮮文)			五、七、	同
抗日救國歌	(支文)			六、一一、一八	同
抗日救國歌曲集	(同)		上海中國國民黨	七、一、二一	同
國內情勢	(鮮文)	一九三一、	朝鮮革命黨宣傳委員會	七、一、二七	同
五月一日	(同)	一九三一、	國營聯合出版部遠東邊疆支部	七、四、二三	同
꼴호쓰建設者(第二編)	(同)	一九三一、		七、一〇、二七	同
國際現象畫報	(支文)	民國 二一、一二、五	上海	七、一二、二〇	同
今生億萬人은永生不死하리라	(鮮文)	大正 一五、三、二五 再版ノ分	京城望臺聖經及基督教書會	八、六、二九	同
同	(同)	一〇、七、一〇	京城萬國聖書研究會	八、七、一	同

一九

八

(ケ)

題號	著者又ハ編輯者名	發行年月日	發行地	處分年月日	處分理由
現段階의朝鮮	(鮮文)	昭和年月日 五、五、一	東京 魏水春	昭和年月日 五、五、九	治安
研究東方問題是我們共同的責任	(支文)		北京	五、一〇、一六	同
警告	(鮮文)	七、九、一〇	東京 燈臺社	八、六、二八	同

七

六

(キ)

題號	著者又ハ編輯者名	發行年月日	發行地	處分年月日	處分理由
記念廣州大慘殺中國濟難總會印發	(支文)	昭和　年　月　日	中國濟難總會印行	昭和四、二、二三	治安

五

四

(カ)

題號	著者又ハ編輯者名	發行年月日 (昭和年月日)	發行地	處分年月日 (昭和年月日)	處分理由
韓國獨立運動血史	(支文)		上海	二、五、三	治安
韓國三一記念宣傳大綱	(同)	一九二〇、二、二〇	同	五、四、八	同
改正된面邑選擧戰에直面하야우리들의戰術	(鮮文)	六、三、一〇	京城 許一	六、三、一三	同
韓國經濟史	(同)	檀紀四二五二、一、二〇	大韓人國民會北米地方總會	六、一一、	同
韓國志士金石君講演集	(支文)			七、七、三	同
我恥	(同)魏鳴金		東北建新地學社	七、一一、三〇	同
가쁘詩人集	(鮮文)	七、四、一五 再版ノ分	京城 尹鍾悳	八、二、二七	同
同	(同)	六、一一、二七	同 集團社	八、五、一八	同

三

二

(ア)

題號	著者又ハ編輯者名	發行年月日	發行地	處分年月日	處分理由
壓制언제끗일가	(鮮文)	昭和 六、六、一五	東京 萬國聖書研究會	昭和 八、六、一	治安

一

朝鮮文・支那文

刊行物行政處分索引

我は日本國性の實現なり	永井義憲	七、一一、一八	東京	七、一一、二八	治安
和解	明石順三	五、一〇、三	同 聖書研究會	八、六、二三	同

(ワ)

題號	著者又ハ編輯者名	發行年月日	發行地	處分年月日	處分理由
		昭和年月日		昭和年月日	
我國體と國民道德	井上哲次郎		東京	二、一、一九	治安
我等は皇室と國家を如何に見るか	野依秀一		同	二、六、三	同
我黨の綱領	高山洋吉		同	二、一一、二五	同
猥談奇行	河原萬吉	三、五、二〇	同	三、九、一〇	風俗
猥談往來	湯淺修一		同 春江堂	三、一一、一三	同
猥談と科學	宮武外骨	大正一三、一二、一五	東京	四、九、一七	同
話談珍聞大集成(中巻)	中野正人		同	四、九、一八	同
吾等の敵を倒せ	落合二郎			五、一一、一九	治安
私達の理想社會			A思想協會	六、七、二八	同
われら青年	江口煥	六、八、三〇	東京 同 プロ作家同盟	六、一〇、一〇	同

三三三

二三一

勞働者の明日	野田津太	五、八、五	大阪	七、二、一六	治安
勞資手帳		八、二、二五	東京 永田周作	八、二、一七	同
勞働組合論	野坂鐵	五、一一、二五	同 希望閣	八、一、二三	同
ロウト・フロット	藤森成吉	八、三、二三	同 學藝社	八、三、二三	同
ロップス書集	原浩三	八、四、二五	同 三笠書房	八、四、二〇	風俗
勞働歌及組合歌		六、九、一五	同 白揚社	八、六、三〇	治安
勞働組合教程	藤岡孫一 高場實一 譯	六、一二、二〇	同 第三書房	八、一〇、一一	同

露西亜大革命史（第三巻改訂再版）		六、五、二五	同 南蠻書房	六、五、二六	同
勞働者と農民			千葉	六、七、一六	同
ロシヤ革命史		六、一一、一八	東京 プロレタリア書房	六、一一、一九	同
ロシヤ革命の發展過程	荒川實藏	六、六、一五	同 共生閣	六、一一、一九	同
ロシア革命と勞働組合	高山洋吉	五、四、一二	同 マルクス書房	七、一、一四	同
ロシア帝政時代に於ける共產主義者の活動		六、五、五		七、五、一六	同
露西亜共產黨小史	須双倫	四、一〇、一五 再版	東京 白揚社	七、一〇、一三	同
ロシア革命誌		七、一一、五	東京 希望閣	七、一一、五	同
勞働者農民の國家と資本家地主の國家		七、一一、一〇	東京 日本プロ文化	七、一一、一一	同
勞働歌及農民歌		七、一一、二〇	同 白揚社	七、一一、一六	同
勞働組合論	岩村四郎	三、一一、一五	同 共生閣	七、一二、七	同
勞働歌及鬪爭歌		七、一二、一〇	同 白揚社	七、一二、七	同

三三九

勞働者はやり唄	村上勘治		堺	五、五、一	治安
論文集		五、五、二三	東京 戰旗社	五、五、一九	同
倫敦會議敗衂の眞相	宇都宮仁		東京	五、五、三〇	同
ロシア革命叢書(第一冊) 三月革命の勃發				五、六、三	同
勞働者と農民	北野道彥(譯)		東京 希望閣	五、六、一七	同
露西亞農民運動		五、七、八	同 叢文閣	五、七、八	同
勞働組合論		五、一二、五	同 上野書房	五、七、一七	同
勞働日記と靴	鹿地亘		改造社	五、一一、一八	同
勞働運動の話			東京 宣言社	六、一、九	同
勞働組合論		三、二、一〇	京都 弘文堂	六、二、九	同
勞働組合國際赤色十年史			大阪 勞農書房	六、二、七	同
勞働組合入門	岩村四郎		東京	六、五、二	同

(ロ)

題號	著者又ハ編輯者名	發行年月日 昭和年月日	發行地	處分年月日 昭和年月日	處分理由
露西亜社會民主黨史	大間篤三		東京	二、六、一〇	治安
勞農露西亜の社會主義的建設	八坂淺次郎		同	二、六、二〇	同
露西亜に於ける階級闘爭と革命			同 共生閣	三、五、二七	同
露西亜共産黨第十五回大會報告演説集	秋田馬夫	三、六、二	同 希望閣	三、七、一六	同
勞働組合教程	益田豐彦(譯)		同 叢文閣	四、二、八	同
露西亜大革命史(上卷)			同 イスクラ閣	四、七、二九	同
勞働組合論	八坂淺次郎	四、八、一七	京都	四、八、一四	同
勞働藝術家(第二卷第四號)	內藤辰夫	四、八、一	東京	四、八、一五	同
ロシア大革命の前夜			ロシア問題研究所	四、九、二八	同
勞農日記			東京希望閣	五、一、二七	同

二二七

十三

レーニン主義の諸問題（改訂版）		八、三、一〇	東京 白揚社	八、五、六	同
レギールンク英文（譯名政府）	ルーサフオード		紐 育	八、六、七	同
レーニン主義の諸問題	スターリン	八、六、一一	東京 白揚社	八、六、一四	同
レーニンと農村問題	高山洋吉	二、六、一五	同 希望閣	八、六、三〇	同

二二三

レーニン主義の爲の闘爭	佐野學	三、一〇、三一	東京	七、一、二八	同
レーニン主義と民族問題	松本萬一	六、九、五	同 希望閣	七、三、二三	同
レーニン主義研究への入門	河村雅	三、一二、一〇	同 白揚社	七、三、二三	同
レーニン主義とは何ぞや	スターリン	七、四、一三	同 共生閣	七、四、一五	同
歴史學批判叙說	羽仁五郎		同 鐵塔書院	七、五、二一	同
同(改訂版)	同	七、六、二五	同 同	七、六、二四	同
レーニン選集(第二卷)			同 希望閣	七、九、二六	同
靈界の研究	岸一太	七、一一、五	同 北隆館	七、一一、八	同
レーニン選集(一ノ三)		七、一、五	同 希望閣	七、一二、六	同
レーニン主義の諸問題(一冊)		八、一、一〇	同 白揚社	八、一、二一	同
レーニン主義文學闘爭への途	宮本顯治	八、三、一八	同 木星社	八、三、二九	同
聯盟脫退と國民の覺悟		八、三、二九	京都 青春社	八、四、六	同

二二三

レーニン主義教程	本間七郎(譯)		大衆公論社	六、四、一七	同
レーニンと消費組合	山田浩		大阪勞働研究所	六、五、二五	同
レーニンの國家學說		六、六、一	東京 プロレタリア書房	六、五、二九	同
レーニン主義の基礎	小柳司郎	六、四、二〇	同 希望閣	六、八、一四	同
レーニンの想ひ出	岡村辰雄	五、二、一五	同 叢文閣	六、九、一四	同
レーニン主義と戰爭問題	水島梁二	二、一〇、二五	同 共生閣	六、九、一四	同
レーニンの反宗教論		六、一一、三〇	同 白揚社	六、一二、六	同
レーニン主義教育と任務の方法		四、六、四	同 上野書房	六、一二、六	同
レーニン學教科書	竹尾式	四、一、一〇	同 共生閣	六、一二、一八	同
レーニン小文庫(6)國家に就いて	鈴木安藏(譯)	七、一、一五	同 希望閣	七、一、一八	同
レーニン小文庫(4)共産主義左翼小兒病	直井武夫(譯)	七、一、一五	同 同	七、一、一八	同
レーニズム	千葉太郎	二、九、一九	同 白揚社	七、一、二八	同

二二一

レーニン彼の生涯と事業	稲村順三	四、五、一八	東京 改造社	四、五、一八	治安
レーニン選集(第一輯)	廣島定吉		同 白揚社	四、五、二九	同
黎明を目指して女革命家の手記			同 共生閣	四、六、三	同
レーニンは何を教へるか	田村清吉	五、五、一九	同 マルクス書房	五、五、二六	同
レーニン主義の基礎	高木孝作(譯)	五、六、一五	同 共生閣	五、六、二〇	同
レーニンの勞働組合論	上野繁三郎	三、二、五	東京	五、七、一七	同
レーニン主義入門		五、九、一五	同 希望閣	五、九、九	同
戀愛無政府	大木原雄	五、六、二九	アルス社	五、九、一〇	風俗
レーニン主義(第一冊)		五、九、一五		五、九、二〇	治安
レーニン著作集(第十四巻ノ二)				五、一一、二〇	同
戀愛戰線異狀なし	榎本進一郎		大阪	六、一、一三	風俗
レーニン主義の戰略戰術	中西馬次郎	六、一、一五	京都	六、一、一六	治安

二二〇

（レ）

題號	著者又ハ編輯者名	發行年月日	發行地	處分年月日	處分理由
		昭昭年月日		昭和年月日	
レーニン主義とは何ぞや	高山洋吉			二、五、二三	治安
レーニン	青野季吉		東京	二、六、六	同
レーニズムは如何にして學ぶべきか	藤岡孫市		同	二、六、一四	同
レーニンは階級鬪爭の大戰略家	吉山道三		同	二、七、四	同
レーニンの生涯と事業	市川義雄			二、七、一一	同
レーニン農業問題論文叢書（第一編）	難波英夫		東京	二、七、一一	同
レーニズムの基礎	河合勝三		同	二、七、二五	同
レーニン主義の基礎	中村德二郎	三、六、三〇	同	三、七、一六	同
レーニン主義の理論と實踐		三、一二、一八	同 希望閣	三、一二、二三	同
レーニン、一九一七年（第一分冊）	上野繁三郎	三、一二、二四		四、一、二九	同

二一九

(リ)

題號	著者又ハ編輯者名	發行年月日	發行地	處分年月日	處分理由
獵奇風俗の向脛	長河龍夫	昭和年月日	赤爐閣書房	昭和五、九、一七	風俗
輪舞十の對話	高橋昇平	六、一一、一八	東京 木星社	七、二、二三	同
獵奇資料(第一輯)	志茂村適	七、一〇、二五	同 洛成館	八、一、一三	同
理論闘争	北條一雄	大正一五、一一、一三	同 白揚社	八、一〇、一一	治安

二一七

(ラ)

題號	著者又ハ編輯者名	發行年月日	發行地	處分年月日	處分理由
裸體美の感覺	根岸榮隆	昭和 年 月 日	時代世相研究會	昭和六、六、二七	風俗
ラスト・デーズ 英文(譯末の日)			紐育	八、六、一六	治安

二一五

(ヨ)

題號	著者又ハ編輯者名	發行年月日（昭和年月日）	發行地	處分年月日（昭和年月日）	處分理由
妖婦五人女	春海綠雨		東京	二、三、一五	風俗
夜			同 平凡社	五、三、五	同
養蠶農民の行方	町田惣三郎	五、八、三〇	長野	五、九、一九	治安
熔解爐	北條鐵夫	七、一〇、一四	毛利禎吉	七、一〇、一三	同
預言	明石順三	六、三、一〇	東京聖書研究會	八、六、二三	同

二一三

二一二

(ユ)

題號	著者又ハ編輯者名	發行年月日（昭和年月日）	發行地	處分年月日（昭和年月日）	處分理由
遊女物語	森田鋭雄		東京	六、一、一三	風俗
唯物辨證法に就いて	小島京一	七、五、一〇	同　木星社	七、一一、一〇	治安
唯物論		七、三、一〇	同　共生閣	七、三、六	同
唯物史觀（史的唯物論の理論其の他）	廣島定吉（譯）	四、八、一〇十版 四、四、一三初刊	同　白揚社	八、九、一九	同

二二一

二一〇

（ヤ）

題號	著者又ハ編輯者名	發行年月日	發行地	處分年月日	處分理由
		昭和年月日		昭和年月日	
山本宣治全集（第八卷）			ロゴス書院	五、二、二三	治安
家賃、解雇手當、借金、損害賠償支拂命令等と如何に戰ふか	布施辰治		春陽堂	六、一、八	同
家主と如何に闘ふべきか	武藤運十郎	六、一〇、一	東京 借家人社	六、九、三〇	同
軟い船	坂本石創		尖端社	七、七、一三	風俗
彌次喜太勞働組合の卷			眞理の友社	八、五、二五	治安

二〇八

改訂版アリ

(モ)

題號	著者又ハ編輯者名	發行年月日（昭和年月日）	發行地	處分年月日（昭和年月日）	處分理由
盛岡猥談集				五.六.二四	風俗
モダン戀愛デパート	山内一煥	六.九.二〇	東京 第三書房	六.九.二三	同
モダン語漫畫辭	中山由五郎		洛陽書院	六.一〇.一六	同
モガモボダンスホールの秘密	森 蒼太郎	七.三.五	日昭館	七.五.二三	同
モル性慾科學大系（第二卷）中編	杉浦清記	八.三.二五	東京 武俠社	八.四.一	同

二〇七

二〇六

(メ)

題號	著者又ハ編輯者名	發行年月日 (昭和年月日)	發行地	處分年月日 (昭和年月日)	處分理由
眼ざめつゝある支那	二木猛		東京	二、五、九	治安
メーデーの話	谷村某		京都 共生閣	五、四、九	同
メーデー	瀧田銀藏	六、四、二五	東京	六、四、二一	同
メーデー總罷業の歷史と意義		六、四、一九	同 關東地方聯合協議會	六、六、一八	同
メーデーの話		七、四、二五	同 赤星社	七、四、二八	同
蓂葉志諧	洪萬宗 外一	七、四、一五	同 三文社	七、四、一四	風俗
明道會の內面暴露	李中冠	七、七、二〇	同 敎化社	七、七、二[illegible]	治安
メーデー		八、四、一七	東京	八、四、二一	同
明治天皇樣思召		八、八、一五	同	八、八、二三	同
明治維新史の研究 (削除三六、六、八)	服部著	八、九、二五	同 白揚社	八、一〇、九	同

無神論教程第一部科學と宗教		七、四、九	同	白揚社	七、四、二	同
無政府主義者は斯く答ふ	岩佐作太郎	五、四、二五	同	地底社	七、五、三	同
無政府主義組織論	下中彌三郎	四、七、二五	同	同	七、五、三	同
無政府主義文獻出版年報（第一輯）	神谷暢	七、五、一〇	同	溪文社	七、五、一一	同
無政府コムミユーンの話		七、七、一五	大阪	文明批評社	七、七、二〇	同
無產階級の新日本建設大綱 削除（四六頁）		八、六、八	東京	社會大衆黨	八、六、七	同
無產者政治教程（第五部）	高尾正之助	五、九、四	同	叢文閣	八、六、二九	同
同 合本		六、四、一六	同	同	八、六、二九	同
無產者政治教程（第四部）		三、一一、二 再版共	同	同	八、九、一三	同

二〇一

無産者モラトリアム論		四、一一、二六		五、八、三	治安
無政府主義論集			黒色青年編輯所	五、一二、一	同
無政府主義運動		六、三、八	大阪 バクニン書房	六、四、七	同
無産青年運動	田部久		東京 白揚社	六、五、二〇	同
無産少年運動	伊藤三郎	六、五、一五	東京	六、六、三〇	同
無産者政治敎程（第一部）	益田豊彦	六、一、二四	同 叢文閣	六、九、一四	同
無産者政治敎程（一五版第一部）	同	六、五、一三	同 同	六、九、一八	同
無産者初歩敎程	町田 岩村（譯）	五、四、七	同 共生閣	六、一二、四	同
無産者政治敎程（上巻第一、二部）	前川淨光（譯）	七、二、二〇	同 不二書房	七、二、二三	同
無政府主義の讀本		七、三、八	同 無政府主義協會	七、三、八	同
無政府主義と農本主義		七、三、二〇	同 不有社	七、三、一八	同
無産黨出直すべし	近藤榮藏		東京	七、三、一八	同

（ム）

題號	著者又ハ編輯者名	發行年月日（昭和年月日）	發行地	處分年月日（昭和年月日）	處分理由
無政府主義入門	石井定浩			二、一、六	治安
娼太平記操早引	中川初伊		東京	二、九、七	風俗
無政府主義論			同 解放新聞社	二、一一、二八	治安
無産階級運動の戦術と宣傳に就いて	稲村順三郎		同 南榮書院	三、六、一三	同
無産者政治教程（改訂第三部）		三、一二、二六	同 叢文閣	三、一二、二八	同
無産者詩集（第二輯）	下川儀太郎	三、一一、七	靜岡	四、一、七	同
無産者政治入門	藤岡淳吉	四、四、五	東京	四、六、一八	同
無産者新聞論説集	上野繁三郎	三、七、七	同	四、七、三	同
無産青年二十五講	田所輝明		農民勞働社	五、四、一六	同
無産者カット集	中根彦三郎	五、六、二五	東京	五、七、八	同

一九九

一九八

(ミ)

題號	著者又ハ編輯者名	發行年月日 (昭和年月日)	發行地	處分年月日 (昭和年月日)	處分理由
未來と青年	福中巧		名古屋	二、三、一〇	治安
綠の傳書鳩	蔡丙錫		大東社出版部	五、一一、七	風俗
亂れ星			春陽書房	六、九、七	同
民族問題教程	小島京一(譯)	七、六、三〇	東京 耕進社	七、六、二九	治安
民族の起原及其の發達	フロイド		同 共生閣	七、一一、一五	同
民族への警告		八、六、二五	同 ホーリネス教會	八、六、二六	同

一九七

脈尼亞	山本宣一 平井蒼太（共著）	八、五、一	滋賀縣平井	八、九、一九	同
マルクス・エンゲルス起草 XXX宣言		八、四、二五	日本プロ科學同盟	八、九、二六	同
マルクス主義國家論 （改造文庫第一號第一〇八篇）		八、五、一三	東京改造社	八、一〇、二四	同

一九三

マラテスタ論文集		七、一、一三	東京 勞働者の知識社	七、一、一二	治安
マルクス主義講座（八）		三、七、一〇	同 上野書房	七、一、一	同
同（二）		二、一二、一〇	同 同	七、一、七	同
マルクス主義基礎理論	永田廣志（譯）	七、一、三〇	同 共生閣	七、二、一	同
滿洲縱橫記	篠原義政	七、二、二	國政研究會	七、二、三	同
マルクス・エンゲルスに於ける史的唯物論と法律			東京 大畑書店	七、二、二九	同
マルクス主義經濟學（十五版）		七、四、三〇	同 希望閣	八、三、三〇	同
漫書漫文のらくら上等兵	みどり山人	八、三、三一	同 日吉堂本店	八、三、三一	同
マルクス主義國家論 改造文庫第一部	鈴木安藏（譯）	八、五、一三	同 改造社	八、五、一三	同
マルクス主義經濟學	廣島定吉 外二名（譯）	八、五、一〇	同 叢文閣	八、五、一九	同
マルクス・レーニン主義手引		八、四、二五	同 プロ文化聯盟	八、六、二六	同
マルクス主義哲學	舟山信市	八、七、一五	同 岩波書店	八、七、一三	同

滿蒙新國家に對する提是	石川秀雄	七、三、三一	經濟國策研究會	七、三、二九	同
詩集まだ朝にならぬ	北守廣	七、一、三一	東京 新興詩派聯盟	七、四、一二	同
マルクス主義勞働者教程（第三分册）		七、五、一〇	同 希望閣	七、五、一二	同
マルクス主義の旗の下に（合册第四編）		七、五、二三	東京	七、五、一九	同
滿洲に於ける最近の交通事情	小林鐵太郎	七、八、三	日本交通協會	七、八、一〇	同
マルクス主義經濟學（一九三二年版第一卷）		七、一〇、五	東京 叢文閣	七、一〇、四	同
マルクス主義の旗の下に（合册第二編）	奥附ナシ	六、六、五	東京	七、一〇、一三	同
マルクス主義講座（六）		三、五、二〇	同 上野書房	七、一〇、一三	同
マルクス・エンゲルスと戰爭問題	佐野學	二、五、三〇	同 白揚社	七、一〇、一三	同
マルクス主義講座（五）		三、四、二〇	同 上野書房	七、一〇、一三	同
同（四）		三、三、二〇	同 同	七、一〇、一三	同
マルクス主義の旗の下に（第四、ロシア版）		六、六、五	東京	七、一〇、一三	同

一九一

一九〇

マルクスレーニン主義入門	瓜生信雄		東京 永田書店	五、四、二四	治安
マルクスアドラー教育革命への途	堀秀彦		日東書院	五、一一、二二	同
マルクス主義と教育問題	淺野研眞		東京 自由社	五、一二、二〇	同
マルクス主義農民問題講座	青木惠一		同 マルクス書房	六、六、六	同
マルクス主義と教育問題(改訂版)	淺野研眞	六、三、五	同 自由社	六、八、八	同
マルクス主義の旗の下に		五、七、一〇	同 白揚社	六、九、一四	同
萬寶山事件及朝鮮排華慘案			中華民國	六、一〇、一四	同
滿洲占領戰爭と日本共産黨當面の任務			日共中央委員會	六、一〇、一五	同
滿蒙論	室伏高信	六、一一、一七	東京 夜明社	六、一一、一七	同
マルクス主義への道	青木信三	五、一、一〇	同 共生閣	六、一二、四	同
滿蒙問題と無産階級	磯崎眞助	七、一、三	全國無産大衆黨本部	七、一、七	同
マルクスは叫ぶ	矢橋三子雄	六、二、一〇	東京大衆出版社	七、三、二五	同

(マ)

題號	著者又ハ編輯者名	發行年月日 (昭和年月日)	發行地	處分年月日 (昭和年月日)	處分理由
マルクス主義敎科書	佐野學		東京	二、一〇、二	治安
マルクス讀本	神永文三	三、四、二五	同 資文堂	三、五、一八	同
マルクス主義講座(第十卷)	上野繁三郎		同 上野書店	三、一〇、三	同
同(第十一卷)			同 同	三、一一、三	同
同(第十二卷)			同 同	三、一二、二六	同
マルクス主義と農民問題			同 希望閣	四、四、一九	同
マルクス主義と農民問題(改訂版)	高山洋吉	四、五、二五	同 同	四、六、一〇	同
マルクス主義の爲に			同 同	四、六、二五	同
マルクス主義と農民問題			東京	四、六、二五	同
マルクス主義入門	中村德二郎		同	四・一〇、三〇	同

但シ別本アリ

一八九

沒落する階級	齋藤野火	七、二、一〇	東京 共生閣	七、二、一三	治安
寶劍論	小野榮太郎	七、七、	北海道	七、九、一七	同
法律と階級鬪爭		七、九、一五	東京 共生閣	七、一〇、二七	同
法律と階級鬪爭 プロレタリア講座(8)		七、一一、五	同 同	七、一一、一	同
法律と强權(諺文)		七、一一、八	同 黑友聯盟	七、一二、六	同
法窓漫筆 削除(九七—一一三、二三五—二四七)	末弘嚴太郎	八、一、二〇	同 日本評論社	八、一、一八	同

一八六

(ホ)

題號	著者又ハ編輯者名	發行年月日 昭和年月日	發行地	處分年月日 昭和年月日	處分理由
本朝奇聞	鳥谷部陽太郎			三、六、一三	治安
ボルシエウイキ黨の組織構成	小野正次		東京 白揚社	三、九、一七	同
邦譯共產黨宣言			同 社會問題研究所	三、一〇、三一	
ボルセヴイキ黨の諸任務			同 イスクラ閣	四、四、九	治安
報告と討論の結語			東京	四、五、二九	同
法律と强權		四、一〇、二五	同 地底社	五、三、一八	同
補選デカメロン			同 新潮社	五、一〇、二五	風俗
歿落の代議政體	石川三四郎(譯)		同 共學社	六、六、二五	治安
法律學の基礎觀念	奈良正路		東京日本評論社	六、一二、一三	同
ボルシエヴイキの綱領	高山・增田	三、七、二〇	同 白揚社	七、一、二八	同

變態エロナンセンス		七、一〇	東京 第三書房	六、七、一三	風俗
變態性と享樂（第九號）			同 平凡社	七、三、九	同
平民の鐘	山鹿泰治	四、一〇、二五	同 地底社	七、五、三	治安
ベズイションスキー詩集	尾瀬敬止	四、一一、二九	同 素人社	八、一、一八	同
辨證法的經濟學方法論	岡本、稻葉（共譯）	八、四、一〇	同 白揚社	八、四、八	同
ベゾン・エンド・パーガトウリイ 譯名天と煉獄（英文）			紐育	八、六、一六	同
變態隨筆（產婦人科的文獻集）第六輯		六、一二、二五	東京 白日莊	八、九、一四	風俗
辯證法讀本	德永直 渡邊順（著）	八、一〇、四	東京 ナウカ社	八、一〇、二四	治安

(ヘ)

題號	著者又ハ編輯者名	發行年月日（昭和年月日）	發行地	處分年月日（昭和年月日）	處分理由
變態交婚史	藤澤衛雄		東京	二、二、一五	風俗
變革期に於ける農業政策	入江武一			三、二、一三	治安
變態黃表紙			東京	四、二、一九	風俗
變態處方箋	相馬二郎		同 政潮社	四、六、二六	同
碧露	山本義雄	四、八、一	大阪	四、九、六	治安
ペルシヤデカメロン	下條雄三（譯）			四、一一、六	風俗
兵卒	伊藤茂樹	五、六、一	靜岡	五、六、二四	治安
變態性慾雜考	小柳博	六、六、五	東京 時代世相研究會	六、六、四	風俗
右同	高田義一郎		同 武俠社	六、六、二一	同
辨償法とは何か			千葉	六、七、九	治安

夫婦に於ける受胎（削除二五）	難波孝夫	八、一〇、二〇	東京 平野書房	八、一〇、一〇	風俗
プロレタリヤ政治學入門	茂野清吉（譯）	五、一二、一二	同 マルクス書房	八、一〇、一一	治安

一七四

文化學院派	長井道正	八、四、二	同		八、四、一〇	風俗
プロレタリア漫畫カット集		八、四、三	同		八、四、一三	治安
プロレタリア日本歴史（改訂版）	佐野學	八、五、一五	同	白揚社	八、五、一三	同
不在地主、オルグ	小林多喜二	八、五、七	同	改造社	八、六、一	同
プロレタリア文學講座（第四編）	遠地輝武	八、六、二〇	同	白揚社	八、六、一六	同
プロレタリア科學辭典	櫻井均	六、七、五	同	山洞書院	八、六、二九	同
プロレタリア、エスペラント講座（第三巻）		五、一二、二五	同	鐵塔書院	八、六、三〇	同
同（第四巻）		六、三、二五	同	同	八、七、一四	同
ファシズムノ正體		七、八、三〇	大阪	勞農書房	八、七、一七	同
プロレタリア、エスペラント講座（第六巻）		六、一〇、五	東京	鐵塔書院	八、八、五	同
同（改訂版第五巻）		六、八、一五	同	同	八、八、一六	同
同（再版第一巻）		五、一〇、一五	同	同	八、八、一六	同

ファシズムと社會ファシズム	小原治郎	七、一一、一三	東京 希望閣	七、一一、一五	治安
プロレタリア日誌		七、一二、二四	同 社會大衆黨	七、一二、二三	同
プロレタリア文學講座(2)		八、一、二	同 プロ作家同盟	八、一、八	同
プロレタリア雄辯學教程(三)		六、八、一	同 解放社	八、一、一一	同
プロレタリアスポーツ必携		六、一、一五	同 同人社	八、一、一一	同
プロレタリア辭典(改版)		六、五、一五(十版)	同 共生閣	八、一、一七	同
プロレタリア日本歴史	佐野學	八、二、一〇	同 白揚社	八、三、六	同
プロレタリアートと文化の問題	藤原惟人	七、六、二五	同 鐵塔書院	八、三、一〇	同
同(第二版)	同	七、七、二	同 同	八、三、一〇	同
プロレタリア文學講座(第三編)		八、三、五	同 白揚社	八、四、六	同
プロトコール全集(第三册改訂版)		七、五、二〇	同 同	八、四、七	同
プロレタリア美術の爲に	村山知義	八、四、一一	東京	八、四、一〇	同

ファーシズムに對する勞働組合の闘爭	東日出雄(譯)	七、四、五	同 中外書房	七、四、二	同
プロレタリア社會學 社會科學への入門	住谷悅治	七、五、五	大阪	七、四、七	同
二つの戰術	山内封介	七、七、二	東京 白揚社	七、四、二一	同
文化の解析	北山二郎(譯)	七、五、二一	同 文書院	七、五、九	同
プロトコール全集(第三册)		七、五、一五	同 白揚社	七、五、一〇	同
風雲の急迫る			立憲勤王黨	七、五、二五	同
ファシズム論		七、五、一五	東京 希望閣	七、六、一一	同
プロット小脚本集		七、六、一八	同 日本プロ演劇同盟	七、六、二一	同
プロレタリア科學研究(第一輯)		六、五、一〇	東京	七、七、二三	同
不感症と早漏の素人療治		七、七、三〇	同 啓明社	七、八、二	風俗
プロレタリア詩集		七、八、八	同 中外書房	七、八、一一	治安
不感症と早漏の素人療治(改訂版)		七、八、三一	東京	七、八、三〇	風俗

一七一

プロレタリア教育の諸問題	岡本正一	六、九、一八	東京	六、九、二一	治安
プロレタリア教育の諸問題	浅野研眞	六、九、一八	同 厚生閣	六、九、一九	同
プロトコール全集(新版第一册)		六、九、一五	同 白揚社	六、一〇、八	同
プロレタリア歌曲集		六、一〇、一五	同 戰旗社	六、一〇、一四	同
プロフイテンの成立と發展		六、	同 希望閣	六、一〇、一五	同
プロレタリア講座八 法律と階級鬪爭		六、一一、五	プロレタリア科學研究所	六、一一、八	同
プロレタリア映畫の爲に			京都 共生閣	六、一一、一一	同
プロレタリアートの政治的任務	廣島定吉	四、一〇、二〇	東京 白揚社	六、一一、一八	同
プロレタリア科學研究(第三輯)	深谷進		プロ科學研究所	六、一一、一八	同
ファシズムの話	平野榮次	六、一二、二六	無産青年社出版部	七、一、六	同
プロレタリア讀本	入交總一郎	五、八、二〇	東京 自由社	七、一、一四	同
プロトコール全集(第二册)		七、七、二九	同 白揚社	七、三、三〇	同

一七〇

武裝せる市街	黒島傳治		日本評論社	五、一一、一五	同
右同（改訂版）	同		同	五、一二、五	同
プロフインテルン第五回大會報告		六、二、二〇		六、二、二一	同
プロフインテルン鬪爭の十週年				六、二、二七	同
プロレタリア綴方指導原理		六、五、三〇	東京 自由社	六、六、五	同
風俗資料研究	湊原 勝		東 京	六、六、一二	風俗
プロトコール全集（第一册）			同 白揚社	六、六、一三	治安
プロレタリア歌集	平野 學	六、五、二三	東 京	六、七、一	同
プロレタリア綴方指導理論		六、五、三〇	同 古閑亭	六、七、二五	同
プロレタリア童話集			同 自由社	六、七、二五	同
プロレタリア政治教程	田畑三四郎	六、七、三一	同 白揚社	六、七、二八	同
プロレタリア、エスペラント講座（テキスト第一卷）		六、八、五	東 京	六、八、一二	同

一六九

プロレタリア科學入門	中村徳二郎		東京 白揚社	五、二、二七	治安
プロレタリア兒童文學の諸問題			同 世界社	五、四、一三	同
プロレタリア階級と其の兒童	本庄陸男		東京	五、五、七	同
プロレタリア教育の根本問題	屋井參市		同 世界社	五、五、二六	同
プロレタリア辭典	池田亨		小倉	五、五、三〇	同
プロレタリアートの組織問題	山崎英雄		東京イスクラ閣	五、七、三	同
プロレタリア教育理論	屋井參市(譯)		同 世界社	五、七、三	同
プロレタリア政治學(正誤表)				五、八、一三	同
プロレタリア革命の展望			東京勞働者書房	五、九、一〇	同
プロレタリア革命の展望	安田宇一	五、九、二五	同 希望閣	五、一〇、三	同
プロレタリア短歌集		五、九、二五	同 マルクス書房	五、一〇、三	同
プロレタリア政治教程	中村徳二郎		同 白揚社	五、一〇、二八	同

(フ)

題號	著者又ハ編輯者名	發行年月日（昭和年月日）	發行地	處分年月日（昭和年月日）	處分理由
不逞	鄭泰述		岐阜	二、二、九	治安
婦人の性生活の心理	佐藤誠雄		東京	三、二、六	風俗
プロレタリア歌曲集			東京 無產者藝術聯盟	三、七、九	治安
プロレタリア政治學		三、二、一六	東京	三、二、二六	同
プロレタリア國際知識			同 上野書房	四、一、三	同
プロレタリアートの組織活動			同 イスクラ閣	四、五、九	同
プロレタリア美術の爲に	村山知義		同 アトリエ社	四、五、一六	同
房江と準吉の戀			更生社	四、六、四	風俗
ブハーリンスターリンより勞働者に答ふ			東京 希望閣	四、七、一五	治安
不在地主	鈴木利貞	五、一、二〇	東京	五、二、四	同

日和見主義に對する闘爭	小林多喜二	八、四、二五	同 日本プロ文化聯盟	八、五、四	同
非常時日本の動向	岡野忠弘	八、六、二五	政治批判社	八、六、二三	同
批判（第二册）		八、六、二三	東京 隆章閣	八、六、二六	同

ピオニールの友	川上義明	七、五、一七	東京 新興教育研究所	七、五、一三	治安
ピオニイロ夏休帳	同	七、八、九	同	七、八、八	同
日向國高千穂神の光を示す	佐藤學	七、七、二	熊本	七、八、一〇	同
貧農に訴ふ	入江武一(譯)	六、二、二七	東京 白揚社	七、一〇、一三	同
貧農讀本	栗山昌良	七、一〇、二五	秋田	七、一〇、二六	同
晝顏(長篇)		七、六、一五	東京 第一書房	七、一一、一〇	風俗
秘錄五・一五事件	木村興作	七、一二、一四	東京	七、一二、一二	治安
右同(改訂版)	同		同	七、一二、一七	同
人一生の經濟學	河野密	七、三、五 二十九版	大阪	八、一、一三	同
百姓の貧乏物語		七、一、一〇	同	八、二、二四	同
非常日本への直言(削除七〇頁三二頁)			東京 千倉書房	八、四、一	同
非國難非非常時	澁川善助	八、四、一二	東京	八、四、一三	同

一六二

(ヒ)

題號	著者又ハ編輯者名	發行年月日(昭和年月日)	發行地	處分年月日(昭和年月日)	處分理由
美人案內記	篠崎繩吉		東京	三、一、一三	風俗
避姙の實行方法	サンガー(著) 山中靜也(譯)		同 東西社	三、一一、一三	同
避姙法	岡本豐吉		橫濱 人倫社	五、二、一〇	同
ビューテイ、スポット		五、九、二五		五、九、二六	同
廣島縣水平運動史		五、一二、七	廣島	五、一二、一五	治安
ひとめ見た時好きになつたのよ何が何やら分らないのよ	智思院太郎		グロテスク社	六、三、三一	風俗
美術古代浮世繪集(第七輯)				六、一一、一九	同
貧農に與ふ(改訂版)	竹尾弌(譯)	三、四、二五	東京 マルクス書房	六、一二、四	治安
ピオニールドクホン(第一輯)	織田秀雄	七、二、一〇	東京 新興教育研究所	七、二、八	同
ピオニール讀本	同	七、三、二〇 變更アルヤモ知レス	東京	七、三、二五	同

一六一

犯罪圖鑑		七、五、一〇	同 平凡社	七、五、一〇	風俗
バクニン全集六 マルクスとの私的交涉		六、一一、一五	同 近代評論社	七、七、五	治安
婆羅門戒律	平野馨	七、七、三一	同 平野書房	七、七、一三	風俗
幕末に於ける政治的支配形態	羽仁五郎	七、一一、一四	岩波書店	七、一一、一六	治安
幕末に於ける社會經濟狀態階級關係及階級鬪爭	同	七、一一、一四	同	七、一一、一六	同
罰當りは生きて居る	岡本潤	八、二、二〇	東京 解放文化聯盟	八、二、二三	同
春の社會學	井上吉次郎	八、四、一三	同 時潮社	八、四、一四	風俗
犯罪科學世界獵奇犯罪史			東京	八、一、一三	同
働く婦人の爲に第一輯及第三輯			全協 兩毛支部	八、五、二五	治安
働く婦人のために		八、六、一〇	日本プロ作家 神奈川支部	八、六、六	同
犯罪と災害	明石順三(譯)		東京	八、六、一四	同
發醫滿洲	群司次郎正	八、七、一〇	東京 東光書院	八、七、一三	同

一五七

巴里・上海エロ大市場			法令館	五、二二、八	風俗
賣國的囘訓案の暴露	松林亮	六、四、五	東京	六、五、一五	治安
パリーコミユーン		六、五、二八	同 春陽堂	六、五、二七	同
巴里コミユーン	木下半治(譯)	六、四、二八	同 同	六、六、五	同
馬鹿野郎A			豐橋	六、六、二七	同
ハンセンエホン誰の爲に	松山文雄	六、九、八	東京 日本プロ美術同盟	六、一一、一九	同
巴里コミユーンに就て	山本有一	六、一一、一六	同 希望閣	六、一一、二一	同
ハリユフ會議の報告其の他		六、一一、一八	同 木星社書院	六、一一、二五	同
反宗敎鬪爭の旗の下に		六、七、八	同 共生閣	六、一一、二九	同
萬人解放の			同 自覺と建設社	七、二、二九	同
叛逆の精神	石川三四郎(譯)	五、六、二五	同 地底社	七、五、三	同
萬人勞働の哲學	下中彌三郎	五、一、一五	同 同	七、五、三	同

一五六

（ハ）

題號	著者又ハ編輯者名	發行年月日	發行地	處分年月日	處分理由
		昭和年月日		昭和年月日	
濱情調	鈴木文八		橫濱	二、九、七	治安
パンの爲の闘爭（社會文藝叢書第四編）	新井松太郎（譯）		東京 進め社	三、一、一三	同
バラモン神學			東京	四、八、一六	同
花心學	宮本繁三郎		同	五、三、一三	同
萬人哲學の勞働		五、一、五	同 地底社	五、三、一八	同
反帝同盟を大衆化せしめよ（反帝パンフレツト第二輯）			日本反帝同盟書記局	五、七、一七	同
パンの略取（黑旗叢書第一輯）		五、八、五		五、八、六	同
犯罪現物寫眞集		五、八、二〇 五、九、三〇	東京	五、九、二〇	風俗
右同	杉山清太郎	五、八、二〇 五、九、二〇	同	五、一〇、七	同
パリーのドン底（世界獵奇全集四）	高橋國太郎（譯）		東京 平凡社	五、一一、二〇	同

一五五

同（改訂版）	大山岩雄	八、五、二三	同	同	八、五、二五	同
農村を語る	橋幸三郎	八、六、二二	同	建設社	八、六、二三	同
農本社會哲學	加藤一夫	（日付ニ不拘）	同	曉書院	八、六、二八	同

一五三

農民問題のデーゼ	廣島定吉(譯)	二、二、二五	東京	白揚社	六、一二、四	治安
農民の叫び	矢澤三子雄	六、一二、一五	同	同	六、一二、一五	同
農民の子	大庭敏郎	六、一、三		大衆出版社	七、三、二五	同
農民は叫ぶ	岸川岩次郎	七、八、二四	東京	日本書院	七、八、二九	同
農民に訴ふ	添田晋		大阪	農民の友	七、九、二	同
農民の旗(新潮社版)		六、一一、二三	東京		七、一〇、五	同
農業恐慌(第二輯)		七、一一、二	同	叢文閣	七、一一、三	同
農民運動の理論と實際	石田宥全集	六、一〇、二〇	大阪		七、一一、九	同
農民問題	マルクス主義文庫	五、二、二〇	東京	希望閣	七、一一、九	同
農業の認識と更生の道			同	泰文館	七、一二、七	同
農民文學の話(第一輯)		七、一〇、一三	同	日本プロ作家同盟	八、一、一三	同
農業綱領の諸問題(上卷)	大山岩雄	八、四、三	同	改造社	八、四、五	同

一五二

(ノ)

題號	著者又ハ編輯者名	發行年月日 (昭和年月日)	發行地	處分年月日 (昭和年月日)	處分理由
農村と青年運動	三宅		東京	二、六、一四	治安
農民の福音			共榮社	四、五、三一	同
ノゾキカラクリ	眞保三郎	四、七、二〇	東京	四、九、六	風俗
農村青年に論ず	鈴木靖立	五、八、二〇		五、九、二三	治安
農民組合の話		五、七、五	大阪	五、一〇、一	同
農村窮乏打破運動	田所輝明	五、八、一	東京	五、一〇、七	同
農村青年に訴ふ		五、一〇、二〇	同 希望閣	五、一〇、一〇	同
農村の崩壞	久保寺三郎	五、一二、二〇	同 大衆公論社	五、一二、二六	同
農民運動の話			同 宣言社	六、一、九	同
農民に伍して	吉川時雄	四、一、二八	浦和	六、二、一四	同

（ネ）

題號	著者又ハ編輯者名	發行年月日（昭和年月日）	發行地	處分年月日（昭和年月日）	處分理由
根がある（詩集）	坂本蕗夫		東京	六、一、二三	治安
ネオ、デカメロン			同文松堂	六、八、二六	風俗
年鑑日本プロレタリア詩集		七、八、一	東京	七、一〇、五	治安

一四九

一四八

(ヌ)

題號	沼尻村
著者又ハ編輯者名	小林多喜二
發行年月日	昭和七年八月三〇日
發行地	東京
處分年月日	昭和七年一一月四日
處分理由	治安

一四七

日本原始社會史（第一分冊）	渡部義通	八、四、一五	東京 白揚社	八、五、一六	治安
同（第二分冊）	同	八、四、二〇	同 同	八、五、一六	同
日本勞働年報（昭和七年度 昭和八年度）第一號		八、五、二〇	同 學藝社	八、五、二三	同
日本の情勢と〇〇〇〇黨の任務に關するテーゼ			同 日本プロ文化聯盟大阪地區協議會	八、五、二九	同
日本資本主義發達史講座（第六回配本）農民の狀態及農民運動小史	稻岡進		東京 岩波書店	八、六、二七	同
日本資本主義の發生		八、九、一七	同 白揚社	八、九、一六	同
日本原始社會史（第一分冊）		八、四、一五	同 同	八、一〇、二四	同
同（第二分冊）		八、四、二〇	同 同	八、一〇、二四	同

日本ファシズム批判	長谷川如是閑	七、一一、二〇	東京 大畑書店	七、一一、二四	同
日本主義政策大綱原案		七、一一、二九	東京	七、一一、三〇	同
日本勞働組合評議會史		七、四、三〇	京都 共生閣	七、一二、七	同
日本プロレタリアートの政治的及組織的任務	加藤	四、一、二三	東京イスクラ閣	七、一二、七	同
日本無産階級は滿蒙問題をどう見る	島中雄三	六、一二、一三	同 先進社	七、一二、一八	同
日本プロレタリア詩集（一九三二年版）		七、八、一	東京	八、一、一三	同
日本資本主義發達史講座第二部資本主義發達史植民地政策史	秋笹正之輔	八、二、二〇	同 岩波書店	八、二、一九	同
同講座第三部最近の植民地政策民族運動	鈴木小兵衞	八、二、二〇	同 同	八、二、一九	同
日本農業問題講話		八、二、二三	東京 共生閣	八、二、二一	同
日本歷史研究佐野學集（第二卷）		（日付ニ不拘）	同 希望閣	八、三、一七	同
日本ファッショの現勢	津田光造	八、三、一五	同 軍事教育社	八、三、二三	同
日本主義文學五、一五記念特輯		八、五、一八	東京	八、五、一六	同

一四一

日本農民運動小史		三、九、二〇	東京 南宋書院	七、五、一〇	治安
日本愛國革新本義	橘孝三郎	七、五、二〇	同 建設社	七、五、一七	同
日本無政府主義運動史（第一分册第一編）		七、五、二八	同 黑色戰線社	七、五、二五	同
日本自協の話		七、六、一三	東京	七、六、一	同
姙娠と避姙の知識	山田秀次郎	七、七、一	アウト商會	七、六、二三	風俗
日本共產黨の歷史			日本共產黨	七、八、五	治安
日本民族主義者は當面何を戰ふか	林國雄	七、八、二五	東京民族時代社	七、八、二五	同
日本愛國革新本義（改訂版）		七、九、一〇	同 建設社	七、九、九	同
日本無政府主義運動批判參考資料		七、一〇、二七	同 日本勞働組合	七、一〇、二九	同
日本プロレタリア創作集（改訂版）		七、三、二五	同 同	七、一一、九	同
日本農業の特質と危機		七、一〇、一〇	同 共生閣	七、一一、一一	同
日本社會主義文獻解說	細川嘉六	七、一一、一四	同 岩波書店	七、一一、一六	同

一四〇

日本經濟研究（第三輯）			東京	六、七、一〇	同
日本を震撼させた七日間	波多野俊夫（譯）		同 南蠻書房	六、八、二	同
日本敎育界暴露記（改訂版）	野上莊吉	五、一二、二〇	同 自由社	六、八、八	同
日本プロレタリア美術集（一九三一年版）	大月源二	六、七、二〇	同 內外社	六、八、一七	同
日本プロレタリア詩集（一九三一年版）		六、八、二八	同 戰旗社	六、八、二七	同
日本農業問題批判	高松梧一		同 白揚社	六、一〇、二一	同
日本起つ乎	永井了吉	六、一二、五	同 東都書籍社	六、一二、五	同
日本無產階級と滿蒙問題	奧澄夫		日本社會主義研究所	六、一二、一七	同
日本社會運動の現勢	矢澤一夫		昭和書院	六、一二、一七	同
日本農制手段	權藤成卿		純眞社	六、一二、二三	同
日本母系時代の研究	渡部義通	七、一、一〇	東京 白揚社	七、一、二	同
日本プロレタリア創作集（一九三二年）		七、三、五	東京 日本プロ作家同盟	七、三、六	同

一三九

姙娠調節の方法	宮川滿子		東京 産調社	五、一、一八	風俗
日本無産政黨現勢	中村德二郎	五、四、一	東京	五、五、二	治安
肉體の惡魔	ナミ、タツオ		同 マルス社	五、五、一五	風俗
姙娠秘訣集	安藤ユキエ		山梨	五、七、一五	同
日韓併合の正體（刷新同盟パンフレット第二號）			日本勞働組合全國協議會	五、九、一六	治安
日本敎育會曝露記	野上莊吉		東京 自由社	五、一一、一三	同
日本共産黨小史			同 白揚社	六、二、九	同
日本プロレタリアートの問題	高橋貞樹	六、二、二〇	同 同	六、二、二三	同
日本農民組合運動史	青木惠一	六、二、二五	同 大衆公論社	六、三、三	同
日本歡樂鄕案內	酒井潔		竹醉書房	六、四、二二	風俗
日本の革命的勞働組合に關する決議集		六、六、二五	東京 プロレタリア書房	六、六、一九	治安

一三八

（二）

題號	著者又ハ編輯者名	發行年月日（昭和年月日）	發行地	處分年月日（昭和年月日）	處分理由
日譯孫文主義大綱	廿乃光		東京	二、四、一一	治安
日本古典全集（西鶴全集第四）	長島豊太郎		同	二、一二、二九	風俗
人頌記	谷口好吉			三、九、一〇	治安
日本性語大辭典	桃源堂主人		東京	三、九、一〇	風俗
日本十日物語夫の巻	高島政衞		同	三、一〇、一二	同
人肉解剖性の扉	富永英三郎		同 廣陽社	三、一二、一五	同
日本小說集			同 新潮社	四、五、一八	同
日本プロレタリア詩集		四、七、一〇	同 戰旗社	四、七、九	治安
日本無產青年運動			勞働問題研究所	四、八、三	同
日本左翼運動小史			東京 新興書房	四、一一、六	同

一三七

ナップ十人集	江口渙	七、一、二	東京 改造社	八、九、一三	治安
七十七年の回顧（削除三二六、三二七）		八、一〇、一五	同 三省堂	八、一〇、一三	同

一三四

（ナ）

題號	著者又ハ編輯者名	發行年月日（昭和年月日）	發行地	處分年月日（昭和年月日）	處分理由
亡き同志を憶ふ	望月辰太郎		埼玉	二、一〇、三	治安
ナナ	櫻井均		東京	三、二、二	風俗
ナポリ秘密博物館	羽塚隆成（譯）		文藝市場社	四、二、五	同
何ガ女給ヲサウサセタカ	榎本進一郎		大阪	六、一、一三	治安
ナップ戰線に立ちて	山田淸三郎		東京 白揚社	六、六、二九	同
赧派精神	伏原觀三		東京	五、七、一九	風俗
ナップ傑作集	貴司山治		同 改造社	六、一〇、一九	治安
中野重治詩集	橋浦泰雄		東京	六、一〇、二四	同
何を爲す可きか	木下半治（譯）	四、二、一〇	京都弘文堂書房	七、四、二一	同
何を爲すべきか	平田良衞（譯）	六、三、一〇 再版	東京 岩波書店	七、二、九	同

XX黨組織の秘密を公にす	七、六、三〇 八、一、三〇（再版）	大阪　勞農書房	八、六、一六	治安
童話「モグラ」と「光」	八、九、二〇	福島　多の土社	八、九、一九	同

（ト）

題號	著者又ハ編輯者名	發行年月日	發行地	處分年月日	處分理由
		昭和年 月 日		昭和年 月 日	
東亜媚藥考	川端勇		東京	三、六、一三	風俗
都々逸全集	扇柳亭小扇		愛知 靑山書店	四、二、二九	同
獨逸共産黨のボルセヴイキ化				四、三、一七	治安
闘争歌集		一九三〇、四、一〇		五、四、三	同
土地を農民へ		六、一〇、一四	東京 新潮社	六、一〇、一五	同
洞房艶譜	谷口安衛		東京	六、一一、一九	風俗
奴隷市場		七、一、二七	同 中外書房	七、一〇、三〇	治安
同盟軍としての農民	吉山道三（譯）	七、六、一〇	同 共生閣	七、一一、二八	同
獨逸大革命史		七、一一、三〇	同 同	七、一一、二八	同
闘争の跡を訪ねて	石濱知行	大正 一五、四、一五	同 同人社書店	八、五、一八	同

一二九

哲學とマルクス主義	河野 永田（共譯）	四、二、二七	同 上野書店	八、九、一三	同
天晴地明經濟學論		八、九、一三	同 二松堂	八、九、一三	同

一二七

帝國主義治下に於ける朝鮮の教育狀態	李北滿		新興教育研究所	六、八、五	治安
帝國主義の沒落	山田徹(譯)	六、一、三〇 六、一、五再版	東京東京堂書店	七、一、一四	同
天皇禮讃のシオン運動	酒井勝軍		同 國教宣明團	七、三、一八	同
轉換期に叫ぶ	山本昌彦	七、四、一	寸鐵新聞社	七、四、二	同
天皇御親政と國民參政權の奉還	瀨尾素治		東京	七、七、五	同
電燈爭議の新戰術	布施辰治	八、四、一五	同 希望閣	八、四、一五	同
轉傾期の人々	小林多喜二	八、五、一四	同 國際書院	八、五、一〇	同
電燈爭議の新戰術	布施辰治	八、五、二〇	同 希望閣	八、五、二三	同
天と煉獄			東京 燈臺社	八、六、一四	同
天堂と煉獄(鮮文)		七、一、三	同 同	八、六、一六	同
天國世界の希望(鮮文)		七、二、三	同 同	八、六、一六	同
帝國主義論	西雅雄(譯)	八、五、三	同 ナウカ社	八、五、一〇	同

(テ)

題號	著者又ハ編輯者名	發行年月日（昭和年月日）	發行地	處分年月日（昭和年月日）	處分理由
テイヂ全集(第八編)	外村眞爾		富山	三、二、一三	治安
帝國主義と戰爭問題	野田鶴吉(譯)		東京 共生閣	四、六、二五	同
帝國主義十字軍	今野時世		同 希望閣	五、四、四	同
貞操の洗濯場	野澤廣		東京	五、五、二一	風俗
敵の娘	貴司山治	五、三、一	日本評論社	五、五、三〇	治安
鐵窓錄	實川清一			五、六、二四	同
帝國主義	西森岩夫(譯)	五、六、一五	共生閣	五、一〇、一六	同
貞操泥棒	佐田魔理男		三興社	六、五、二六	風俗
天國の花	松風莊主人		瑞光社	六、七、一一	同
帝國主義とは何か(研究資料の十三)			千葉	六、八、三	治安

一二五

(ツ)

題號	著者又ハ編輯者名	發行年月日（昭和年月日）	發行地	處分年月日（昭和年月日）	處分理由
圖解性解剖と妊娠自在	大谷德三郎		東京	三、一〇、一二	風俗
圖解生殖器と妊娠避妊の知識	成田茂作	六、三、一五	同	六、五、八	同
次の戰爭と共產黨の軍事政策			同 東方通信社	六、七、三	治安
通信敎育式國際勞働組合學校第三講義錄		六、一一、五	同 希望閣	六、一一、一九	同

一一三

中國ソヴェート革命の教訓		七、二、一〇		七、二、五	治安
中國大革命史		七、三、一〇	東京 プロ科學研究所	七、三、九	同
血（日本プロレタリア傑作選集）	岩藤雪夫	五、一、五	同 日本評論社	八、七、六	同
チヤツトオンベツトチヤンバー（題名英文譯寢室に於ける睦言）	朝香駿一郎	七、一〇、一〇	東京	七、一〇、八	風俗
地區の人々	小林多喜二	八、四、一八	同 改造社	八、四、二〇	治安
同（改訂版）	同	八、五、八	同 同	八、六、一	同
珍籍燭談	河原萬吉	八、六、一	同 古書研究會	八、六、一五	風俗
朝鮮政治史梗		八、七、一五	同 永田書店	八、七、二四	治安
中和鄉土資料		八、六、一五	同 森島書店	八、八、二六	同
朝鮮民族選（岩波文庫）	金素雲譯	八、八、五	東京	八、一〇、三	同

一二〇

（チ）

題號	著者又ハ編輯者名	發行年月日（昭和年月日）	發行地	處分年月日（昭和年月日）	處分理由
朝鮮問題			東京 内鮮融和團體	五、四、一	治安
朝鮮前衛黨當面問題		五、四、一八	同 左翼書房	五、四、二〇	同
地下層	吉田義雄	五、五、一	廣島	五、五、二六	同
朝鮮問題			東京 戰旗社	五、七、七	同
朝鮮同胞歸鮮論	鄭熊圭	五、七、三〇	東京	五、八、二五	同
朝鮮に於ける土地問題	金洪榮			五、九、一八	同
朝鮮問題の爲に外二篇（鮮文）			無產者社	五、一二、一	同
朝鮮共產黨當面問題（第一輯）			同	六、三、二四	同
小さい同志	榎木楠郎		自由社	六、七、二五	同
朝鮮前衛黨ボルシェヴイキ化のために			南蠻書房	六、七、三一	同

一一九

正しき性の生活	ロング(著)		同 街頭社	七、一一、一〇	風俗
男女獵奇秘話	小田時雄	七、一二、二七	同 紅涙社	七、一二、一三	同
正しい性生活	ロング(著)	八、一、四	同 産兒制限評論社	八、一、九	同
大會議案竝報告書				八、一、一三	治安
第三期とは何か		五、一〇、一五	東京 共生閣	八、二、七	同
第一次五箇年計畫の實績に就て		八、三、二五	同 日ソ文化協會	八、三、二〇	同
橘氏の日本革新本義(特別資料)				八、九、二五	同

一一五

第三戰線	京井堯夫(譯)	六、九、六	東京 南蠻書房	六、九、一〇	治安
同(改訂版)	同		同 同	六、九、二六	同
たはむれくさ			東京	六、一〇、六	風俗
第三期と失業問題	山本征夫	六、一〇、二五	同 南蠻書房	六、一〇、二四	治安
立入禁止小學生ストライキの話	藤本信誠		勞農藥製部	六、一〇、二七	同
第三期と文化危機	北山二郎(譯)	七、二、三	東京 文化書院	七、二、三	同
第二次五箇年計畫		七、五、一〇	同 叢文閣	七、五、一〇	同
太平洋勞働組合書記局重要問題報告決議集(第一輯)			同 須一書院	七、五、二一	同
ダンスホールエロ享樂時代	森蒼太郎	七、四、一	日昭館	七、五、二三	風俗
大東京の暗黑街	品川陣居	七、八、五	大矢書房	七、八、四	治安
第三回全國大會報告書			東京赤色救援會	七、八、二五	同
打開か破滅か興亡の此の一戰	水野廣德	七、一〇、一〇	同 東海書院	七、一〇、一三	同

一一四

(タ)

題號	著者又ハ編輯者名	發行年月日	發行地	處分年月日	處分理由
大衆鬪爭と工場班	飯石豊市	昭和年月日	大阪	昭和年月日 二、八、二三	治安
たんくの水	山川均		神戸	三、九、一九	同
男色考	花房四郎		文藝資料研究會	三、一〇、二九	風俗
第一革命と其の前後	武藤丸楠		東京 白揚社	四、六、二六	治安
男女ニ必要ナ性ノ衞生	須磨勘兵衞		京都	四、九、一八	風俗
談性	佐藤紅霞		東京	五、五、三	同
ダラ幹罪悪史	前田隆一		同	五、七、八	治安
大衆黨は如何に鬪ふか	角田藤三郎		同	五、一〇、二九	同
第三期とプロレタリア青年		二、二、二〇	同	六、二、二三	同
ダンサーとズロース	多田道夫		三興社	六、五、二六	風俗

一一三

74

조선문 · 지나문 간행물 행정처분색인   207
1933년판(1928.10~1933.5.31)

組織活動のA、B、C	阿部植(譯)	七、七、一	同 希望閣	七、七、一	同
ソヴエート案內	野上淸(譯)	七、九、一七	ポエウ大阪支部	七、九、一七	同
創立大會・議案		一九三、四、二六	東京 日本勞働組合總評議會	八、九、二六	同
綜合プロレタリア藝術講座		六、七、三一	東京 內外社	八、一、一一	同
續寢室の美學	原比露志	八、二、一五		八、二、八	風俗
ソヴエートロシヤの經濟(ロシヤは何處へ行くか)		六、二、二〇	大阪 勞働問題研究所	八、二、二一	治安
ソヴエート法思想の發展過程	山之內一郞(譯)	八、四、二五	東京 大畑書店	八、四、二六	同
ソヴエート同盟(第二卷)		八、六、八	同 叢文閣	八、六、八	同
創造	明石順三(譯)	四、八、三	同 燈臺社	八、六、二三	同
それを敢てした女	細田民樹	八、六、二五	同 中央公論社	八、六、二八	同

ソヴエートを行く	濱次郎		自彊館書店	五、一一、七	治安
ソヴエート支那の成長		五、一一、一五	東京 共生閣	五、一一、一八	同
ソヴエート、ドイツの樹立へ！（國際資料集1）	小杉史郎		同 新人社	六、一、二三	同
ソヴエート國家の階級的性質に就いて		六、一、二〇	同 希望閣	六、一、二七	同
組織問題教程	鳥羽犂七		東京	六、六、一八	同
ソヴエート同盟の内外狀勢	高山洋吉（譯）	六、八、一〇	同 白揚社	六、八、一〇	同
組織論			同 プロレタリア書房	六、一〇、二	同
ソヴエートの出動			日本赤色救援會	六、一二、三	同
ソヴエート同盟に於ける文化革命	新島繁		東京 叢文閣	六、一二、一〇	同
祖國のない仲間	末吉寛（譯）	六、四、二一	同 内外社	六、一二、一八	同
組織問題	西雅雄（譯）	五、一一、一五	同 マルクス書房	七、一、一四	同
ソヴエート通信軍備全廢と赤軍	村上義夫（譯）	七、六、一	京都	七、五、三一	同

(ソ)

題號	著者又ハ編輯者名	發行年月日 (昭和年月日)	發行地	處分年月日 (昭和年月日)	處分理由
組織問題叢書(第一編)	水野正三			三、七、一六	治安
續群書類從	太田藤四郎			三、一〇、二九	同
ゾラ集	戸田保雄(譯)		東京中央出版社	三、一二、一五	風俗
ソヴエート聯邦に於ける十年間の勞働組合運動			浦鹽	三、一二、一五	治安
組織問題に就て コミンタン第二回組織會議の決議・			東京 白揚社	四、三、八	同
即興劇山宣追悼				四、一〇、二二	同
續レーニン主義の基礎	入江武一			五、四、二四	同
創作	田邊茂二	五、七、一	東京	五、七、一五	同
ソヴエート聯邦共産黨規約 工場細胞の活動及諸任務		五、九、一六	同 希望閣	五、九、一六	同
ソヴエート同盟共産黨第十六回黨大會に於けるスターリン、モルトフの報告結語及決議		五、九、一六	同 同	五、一〇、一六	同

性生活に於ける技巧	谷厚美（譯）	八、五、二三	東京	自由閣	八、五、二三	風俗
政府	明石順三（譯）	五、一三、三	同	燈臺社	八、五、二五	治安
政府（朝鮮文）	同		同	同	八、六、一	同
戰爭か平和か	同		同	同	八、六、一四	同
生命	同	六、一、三	同	同	八、六、二三	同
宣傳（プロレタリア前衛小說戲曲）	高田保	五、五、五	同	鹽川書房	八、七、六	同
性教典		八、七、一七			八、七、一七	風俗
世界經濟年報（二十一號）			東京	叢文閣	八、八、三	治安
世界プロレタリア年表	野々宮三夫	七、一一、五	同	希望閣	八、九、一三	同
戰爭に對する戰爭	藏原惟人	五、五、二五	同	南宋書院	八、一〇、一一	同
世界景氣の分析 削除（一六五—一六八）		八、一〇、一三	同	叢文閣	八、一〇、一六	同
世界經濟會議の話		八、一〇、二三	同	全[illegible]自由	八、一〇、二四	同

一〇〇

青年に訴ふ	大杉榮(譯)	大正一四、八、一八	同 勞働運動社	七、一一、一六	同
戰爭論		七、一一、二〇	同 淺野書店	七、一一、一八	同
戰爭經濟學		七、一一、二五	同	七、一一、三〇	同
世界性的風俗史(表紙獨文)	矢口達(著)	五、三、一〇	同 武俠社	七、三、一三	風俗
仙次郎旅日記	三井三郎	七、三、二五	笹川書店	七、三、二七	同
戰爭と性漫畫	古瀧眞平		東京 大洋社	八、二、二	同
前哨の歌		八、二、一三	日本プロ音樂同盟	八、二、一四	治安
製絲經濟敎程		八、三、二五	日本プロ科學長野支部	八、三、二三	同
世界經濟と世界政治(第二輯)		八、三、二一	東京 叢文閣	八、三、二三	同
世界各國の共產黨潰滅政策	鈴木文治	八、三、一九	東京	八、三、二九	同
(政界秘話)踊る政局 削除(一一四頁乃至一一六頁)		八、五、五	同 太陽社	八、五、四	同
世界經濟と世界政治(第三輯)		八、五、一六	同 叢文閣	八、五、一五	同

九九

青年に訴ふ	大杉榮（譯）	六、三、二五	東京 地底社	七、五、三	治安
赤色ロシアノ正體曝露		七、五、三	東京	七、七、五	同
世界經濟年報（一七）		七、七、一八	同 叢文閣	七、七、二〇	同
世界進歩の神秘	菊地彰	七、七、二五	東京	七、七、二四	風俗
世界戰爭の危機と鬪へ	山花季雄	七、七、二九	同	七、八、三	治安
世界危機と無政府主義運動		七、八、三	同 クロポトキン協會	七、八、二〇	同
世界寢室の神秘	菊池明	七、八、三	日本書院	七、八、二四	風俗
世界經濟年報（改訂版）		七、八、一九	東京 叢文閣	七、八、三一	治安
船内委員會の組織と革命的反對派の組織に就いて		六、八、一五	神戸 海員書房	七、九、五	同
全國小唄民謠集		六、九、二九	東京民俗藝術社	七、九、五	同
戰爭論（下卷）	小堀喜一（譯）	三、一〇、一八	同 マルクス書房	七、一〇、一三	同
戰爭問題の唯物的考察	上村正夫	七、四、五	同 共生閣	七、一〇、一四	同

世界經濟年報（一三）		六、七、二五	東京 叢文閣	六、七、二五	治安
全農ピオニーロ夏期教程（上級用、下級用共）		六、八、一〇	大阪	六、八、六	同
戰略戰術決議錄	中大路良三郎	六、七、一五	東京	六、八、二五	同
世界經濟恐慌概論	高山洋吉	六、七、一五	同 南蠻書房	六、九、一七	同
尖端獵奇場	富山三郎		同 大京社	六、一〇、一四	風俗
赤色勞働組合インタナショナル				六、一〇、三〇	治安
青年運動の根本的諸問題	須田照雄（譯）	二、一〇、三〇	東京 白揚社	六、一二、四	同
戰爭	中川龍一		同 春秋社	六、一二、一八	同
政治テーゼ草案討論集（第一輯）			第二無新社發行	七、一、一三	同
全農全國會議トハ何カ		七、二、一	東京 プロ科學研究所	七、二、一	同
世界革命實話全集（第一輯）	富士三六	六、一一、三〇	古典社	七、三、一八	同
青年運動の根本問題	松本信夫	六、九、一〇	東京 南蠻書房	七、三、一八	同

世界經濟年報（第八輯）	足助素一		叢文閣	五、六、二四	治安
世界綱領解說	町田辰夫		東京 希望閣	五、六、二七	同
政治の基礎知識	中村德三郎	五、六、五	東京	五、七、一〇	同
赤色救援會の活動方針	城戸源太郎			五、八、二	同
責の研究	阪木勝		東京	五、一〇、一三	同
生產機關を返上せよ	三浦大助			五、一〇、二四	同
靑年問題（靑年運動叢書第三編）	岸本[illegible]	五、六、一〇		五、一一、一三	同
成功百パーセントエロ新戰術	榎本進一郎		大阪	六、一、一三	風俗
性愛の神秘	近藤久夫		東京・南海書院	六、一、一三	同
靑年ストライキの敎訓			同 希望閣	六、四、八	治安
世界經濟恐慌の發展と展望		六、六、一五	同 同	六、六、一八	同

靑年運動の闘爭戰術	難波英夫	五、一、二七	東　京	五、二、二〇	同
政治學教程			同　イスクラ閣	五、一、二二	同
世界資本主義の現段階	佐野　學		白揚社	五、二、一	同
政治學教程（實踐篇）			東京イスクラ閣	五、二、二八	同
靑年運動教程	須田然雄	五、四、一	同　白揚社	五、四、四	同
靑年運動の方向轉換	高山洋吉		同　同	五、四、九	同
政治の基礎知識（一）（二） プロレタリア政治教程	田畑三四郎、		白揚社	五、四、一六	同
靑年同盟の基本問題			東京　左翼書房	五、四、一七	同
製絲工場で働く姉妹へ兄弟へ		四、一〇、一五	同　戰旗社	五、五、一五	同
靑年コミンテルン綱領		五、五、一九	東　京	五、五、一九	同
全國水平社解放聯盟解體に就て	松谷　助		大　阪	五、五、三〇	同
戰闘的組合戰略と右翼淸算派	桑原悦夫（譯）		南蠻書房	五、六、一三	同

九五

世界性慾學辭典	佐藤紅霞		東京 弘文堂	四、三、一	風俗
世界資本主義の現勢			同 白揚社	四、三、四	治安
世界好色文學史	中野正人			四、三、四	風俗
接吻の歷史と技巧	小林善八		東京 文藝社	四、三、八	同
接吻百態	田中久衞		同 矢來書店	四、三、八	同
世界を震撼させた十日間			同 弘津堂書房	四、三、二一	治安
前衞活動の根本問題	桂中二郎		同 イスクラ閣	四、六、六	同
世界性慾學辭典	北林保吉		東京	四、六、一八	風俗
性的犯罪百物語			日本文獻書房	四、七、二一	同
世界反對鬪爭に關する決議演說論文	植松一夫	四、七、三〇	東京 希望閣	四、七、二九	治安
静養・十夜			同 文藝春秋社	四、八、一六	風俗
セン片山			大衆公論社	四、一一、一四	治安

(セ)

題號	著者又ハ編輯者名	發行年月日 (昭和年月日)	發行地	處分年月日 (昭和年月日)	處分理由
性愛技巧と初夜の誘導	羽太鋭次		東京 南海書房	二、一一、一九	風俗
性慾戀愛百科全書			東京	二、一一、一九	同
戰爭論	小島梁二		同	三、一、三〇	治安
戰鬪的勞働組合の意義と職分	鳥海篤助(譯)			三、三、二六	同
朝鮮人の癖に	洪秉三		東京	三、六、六	同
性の苦惱と暗黑と性話	福島正憲		大阪	三、七、六	風俗
世界資本主義の安定より危機へ			東京	三、九、七	治安
靑情春露夜				三、一〇、二九	風俗
性愛大觀	杉本英一	三、一〇、二〇	東京 昭英堂	三、一二、一五	同
靑年運動の理論と組織		三、一一、一八	同 マルクス書房	三、一二、二二	治安

九三

隅田河	森山啓	八、九、五	東京	八、九、二	治安

九〇

(ス)

題號	著者又ハ編輯者名	發行年月日（昭和年月日）	發行地	處分年月日（昭和年月日）	處分理由
スターリン、ブハーリンより勞働者に答ふ			東京 希望閣	四、七、一五	治安
ストライキ戰略戰術	猪野省三		戰旗社	五、九、一九	同
ストライキを如何に鬪ふか	小野精一		東京 希望閣	五、八、二九	同
ストライキ戰術	波多野俊夫		同 大衆公論社	六、五、二五	同
同	加藤勘十	五、一二、二五	同 同	六、七、七	同
ストライキに就いて	市川義雄	三、六、一五	同 希望閣	六、一一、一九	同
水平社運動の批判 全國水平社解消論		七、五、八	京都	七、五、一一	同
スメラギズム文庫(第三輯) スメラギズム入門		七、一〇、三	東京	七、一〇、四	同
同文庫(第二輯) 我等の綱領		同	同	同	同
末の日	明石順三	三、九、一	同 燈臺社	八、六、一	同

八九

八八

審判	明石順三		同 聖書研究會	八、六、八	治安
社會科學への入門	山田進	八、八、五	大阪 フタバ書房	八、六、二三	同
人體美の新構成		七、四、二五	同 太陽社	八、六、二九	風俗
新興教育		八、六、二三	同 新興教育同盟	八、七、四	治安
社會科學小辭典	田所輝明	五、六、一〇	東京 白揚社	八、七、一三	同
同	同	八、七、一〇	同 同	八、七、一三	同
失業問題と階級意識		四、四、五	大阪 勞働問題研究所	八、七、一四	同
人類性風俗史牢獄編	南津重七		東京 武侠社	八、八、九	風俗
知られざる一國民		八、六、二〇	同 ホーリネス教會	八、九、五	治安
神武會第一囘代表者會議報告		八、五、八	同 神武會本部	八、九、二六	同
社會主義的レアリズムの問題	外村史郎譯	八、九、二六	同 文化集團社	八、一〇、四	同
史的唯物論教程	藤岡淳吉	六、一、二〇	東京 共生閣	八、一〇、一一	同

史的唯物論(第一分冊)		八、一、一五	東京 ナウカ社	八、二、七	治安
同 (第三分冊)	廣島貞吉	八、二、二〇	同 同	八、二、二六	同
趣味の醫學機微談話(改訂版)	山根匡志	七、五、二八	同 通俗醫學普及會	八、三、二	風俗
資本主義戰後發展(第三期)	マヌイルスキー	五、一一、五	同 希望閣	八、三、九	治安
趣味の醫學機微談話(增補改訂版)	山根匡志	七、八、二七	同 通俗醫學普及會	八、三、一〇	風俗
消費組合必携(改訂版)	關東消費組合	五、三、一五 七、一、一五(再版)	同 鐵塔書院	八、四、一〇	治安
諸分店風	野口常次郎	八、五、一八	同 七生堂	八、五、一八	風俗
女性五十講	山川菊榮	八、五、二三	同 改造社	八、五、二三	治安
昭和七年度日本勞働年報(1)		八、五、二〇	同 學藝社	八、五、二三	同
(小說)人絹工場			眞理の友社	八、五、二五	同
史的唯物論(第二分冊)	廣島貞吉	八、五、二一	東京 ナウカ社	八、五、三〇	同
借家人讀本	武藤運十郎	八、六、九	同 借家人社	八、六、八	同

自然科學史	[illegible]	七、一一、一四	同 岩波書店	七、一一、一七	同
昭和奇觀苦心探見女魔の性窟		七、一一、二〇	同 啓仁館	七、一一、二三	風俗
十月革命への途	佐野學	三、九、一〇	同 白揚社	七、一一、二五	治安
借家事件と借家人の戰術	西尾周市	七、一〇、二七		七、一一、二六	同
社會主義の發展	川瀨哲		同 共生閣	七、一一、二八	同
娼婦と暮らして一箇月	松尾邦之助(譯)	七、五、三一	同 平野書房	七、一二、五	風俗
女怪(世界獵奇全集第三卷)	江戸川亂步	五、一二、一三	同 平凡社	七、一二、二八	同
資本主義の一般的危機		七、一二、二九	同 木星社	七、一二、二九	治安
消費組合方針書集		七、一二、二八	東京	七、一二、二九	同
史的唯物論と法律	平野義太郎	七、一二、二七	大畑書店	七、一二、二九	同
失業と無產階級	近藤榮藏	六、四、二三	東京勞農大衆黨	八、一、一三	同
史的唯物論教程(上卷)		八、一、一〇	同 白揚社	八、一、一七	同

八一

史的唯物論	田村清吉	四、一一、一三	同 マルクス書房	七、一〇、三	治安
失業の話（第三篇經濟）		七、一〇、一四	東京	七、一〇、一八	同
昭和七年度大會議案並報告書			同 交通勞働組合	七、一〇、一九	同
昭和大暗殺秘史	久保田鐵造外		同 芳山房	七、一〇、二三	同
時局徵言		七、一〇、二〇	同 政教社	七、一〇、二五	同
自力更生に因つて生した村々	岩谷愛吉	七、一一、二	東京	七、一一、二	同
資本論入門	河上肇	七、一一、五	同 改造社	七、一一、七	同
人生特急				七、一一、七	風俗
修養團の正體	草香一介		大阪	七、一一、一〇	治安
社會思潮	種本重一	七、七、一八	岡山	七、一一、一〇	同
趣味の醫學機微談話	山根匡志	七、七、三	東京	七、一一、一〇	風俗
[illegible]	[illegible]	七、一〇、一〇	東京 共生閣	七、一一、一一	治安

八〇

史的唯物論（第五版）	木村賢吉	七、五、一	東京 共生閣	七、五、六	同
社會科學講座（第十四卷）	松元竹二	七、五、一〇	同 誠文堂	七、五、七	同
修養團の正體	草香一介	七、五、二七	大阪	七、五、二七	同
春畫王の告白	堀伊八	七、六、一〇	京都	七、六、九	風俗
史的唯物論	小島京一	七、五、二五	東京 木星書院	七、六、二〇	治安
消費組合小說集			東京	七、七、四	同
小女の惱み	橋本春水	七、七、五	大阪 春水堂	七、七、六	風俗
社會思想全集（第三十九卷）		七、八、一〇	東京 平凡社	七、八、八	治安
新文藝用語の字引	山田清三郎	七、九、一五	同 白揚社	七、九、一五	同
新文學		七、九、九	同 中外書房	七、九、二八	同
城北プロレタリア創作集	赤城鐵二郎外	七、九、二九	東京日本プロ作家同盟城北地區	七、九、二九	同
社會主義と資本主義		七、一〇、一三	東京 白揚社	七、一〇、一三	同

七九

社會科學講座（第九卷）			誠文社	六、一二、一三	治安
同（第十卷）			同	六、一二、一四	同
同（第二卷）			同	六、一二、二六	同
靜かなるドン（3）	外村史郎（譯）		鐵塔書院	六、一二、三〇	風俗
資本主義と青年勞働者	成田政市		名古屋	七、一、一六	治安
實話長生と異性	南條照哉	六、一二、三一	東京	七、一、六	風俗
宗教論	レーニン 松岡高晴		同	七、一、一三	治安
消費組合とは	井口忠也	一〇、八	名古屋	七、一、一三	同
社會主義雜稿	佐野學	二、八、二五	東京白揚社	七、一、二八	同
新日本建設原理	林癸未夫	七、一、三〇	同同	七、一、三〇	同
春宵情史	山崎九華	七、二、九	同吟葉會	七、二、六	風俗
上海事變のその後の問題	北村佳逸	七、四、一〇	大阪改善社	七、四、一四	治安

十三

社會民主々義との闘爭（第二輯）	市川義雄		東京	六、八、六	同
失業反對闘爭（方針書）	浅沼稲次郎		同	六、八、六	同
社會運動年鑑（一九三一年版）	波多野吉之助		日本社會運動通信社	六、九、二	同
社會經濟勞働者評論			叢文閣	六、九、一一	同
社會主義は成功しつゝある	高山洋吉	六、九、二〇	東京 白揚社	六、九、一四	同
宗教論	小島京一		同 南蠻書房	六、一〇、二三	同
資本主義の一般的危機と世界恐慌			京都 共生閣	六、一一、六	同
社會科學講座（第十一卷）	松元竹次	六、一一、五	東京 誠文堂	六、一一、一九	同
社會主義と帝國主義	山田元作		同 希望閣	六、一一、三〇	同
支那大革命史		五、一二、一五	同 共生閣	六、一二、四	同
囚人	大杉榮		神戸	六、一二、一五	同
社會科學講座（第八卷）	松永竹二		誠文社	六、一二、一三	同

女子黨員獄中記	原菊枝		春陽堂	六、一、七	治安
同		五、一二、一八	東京 春陽堂	六、一、八	同
女優の赤裸々エロ戰線異狀あり	榎本進一郎		大阪	六、一、一三	風俗
娼婦と暮らして一箇月	松尾邦之助		東京	六、一、一三	同
消費組合必携（上卷）	市川義雄	五、一二、一五	東京 鐵塔書院	六、一、二六	治安
自由聯合主義運動	勞働運動研究所		東京	六、二、七	同
人生の鍵			大和新聞社	六、三、二九	同
植民地問題（プロレタリア講座十一）		六、五、一	東京 共生閣	六、五、四	同
新版左翼勞働組合の意義と諸任務			希望閣	六、五、一一	同
G、Mストライキ實戰記	長谷川早太		大阪	六、六、二四	同
社會主義入門		六、六、一	東京 左翼書房	六、七、四	同
失業及び失業反對闘爭			南蠻書房	六、七、二三	同

失業と如何に闘ふべきか	曾根太郎	五、五、二五	東京 希望閣	五、五、三〇	同
資本家地主の手先ダラ幹の正體曝露ダラ幹罪惡史	滋野鐵夫		紅玉堂書店	五、六、一〇	同
社會民主々義と勞働階級	山本光一		東京 希望閣	五、六、一七	同
支那人の觀た日本の滿蒙政策				五、七、一七	同
失業と失業に對する闘爭		五、八、一	戰旗社	五、七、二五	同
社會主義建設の勝利的躍進		五、九、一五	東京 マルクス書房	五、一〇、三	同
社會思想全集(第十八卷)			平凡社	五、一〇、七	同
資本主義下の小學校	本庄陸男		自由社	五、一〇、二〇	同
社會主義入門	堀田昇一		紅玉堂書店	五、一〇、二四	同
女給日記	水谷絹子		金星堂	五、一一、二二	風俗
新興農民詩集			全國農民藝術同盟	五、一一、二四	治安
趣味の生體科學	竹村文祥		誠文堂	五、一二、一〇	風俗

七五

支那革命に於けるプロレタリアートのヘゲモニー廣東から上海へ			上野書店	四、五、一〇	治安
資本の構成と勞働問題	稻村順三		文藝戰線社	四、五、一八	同
支那近代情痴性史			東歐書院	四、六、一一	風俗
資本の攻勢と農業問題	稻村順三		東京	四、六、二六	治安
社會はどうなる？資本主義社會の解剖	菊田一雄		マルクス書房	四、六、二七	同
自由の先驅			新興書房	四、八、一四	同
新勞農黨提唱の反動性		四、九、三〇		四、一〇、八	同
死刑囚の思ひ出	古田大次郎		東京 大森書店	五、三、二七	同
新興文學全集		五、三、三一	同 平凡社	五、四、一〇	同
十二番街		四、四、一		五、四、一一	同
借家人の爲の法律と戰術	武藤運十郎	五、四、一九	東京 希望閣	五、五、七	同
新興經濟		五、四、一	東京	五、五、七	同

七四

宗教と性	瀧本二郎		同 國際出版社	三、一〇、二九	風俗
資本主義諸國に於ける共産黨の組織事業			同 イスクラ閣	三、一一、一	治安
食料品勞働組合とは何か			極東勞働組合評議會	三、一二、一五	同
人類秘事考	佐藤紅河		東京	四、二、四	風俗
十月革命に於ける勞農靑年			同 マルクス書房	四、二、二一	治安
時代を作る人々(前編)	眞田勇		東京	四、二、二六	同
情艶	小松みどり		同	四、二、二六	風俗
支那革命の前途			無産新聞社	四、二、二六	治安
支那大革命の前途		四、二、二八	無産者新聞社	四、三、一九	同
社會主義入門			東京 共生閣	四、三、二一	同
社會主義童話讀本			同 解放社	四、四、二	同
支那革命に於けるプロレタリア、ヘゲモニ	別府車夫		同 上野書房	四、五、一〇	同

七三

自由聯合の話	伏下六郎	東京	二、六、六	治安
支那の反帝國主義運動	長野朗		二、六、一〇	同
支那の勞働運動	同		二、六、一〇	同
資本主義のからくり	大原建次	東京	二、六、二八	同
女優ナナ	西牧保雄	同	二、九、七	風俗
十一月革命の意義	佐野學	同	二、一一、一九	治安
時雨文庫（第一編）（第二編）（第三編）	中越新太郎	廣島	三、四、二三	風俗
社會と國家	小泉哲郎	東京	三、六、四	治安
實際避姙及自家脛流法	中根アキノ	同	三、六、一三	風俗
情死文藝研究	渡邊政	同	三、六、一三	同
支那革命の將來	難波孝夫	同 マルクス書房	三、九、五	治安
社會哲學原論	土田杏村	同 高輪第一書房	三、九、二一	同

大正14年
内外書房本アリ

(シ)

題號	著者又ハ編輯者名	發行年月日 昭和年月日	發行地	處分年月日 昭和年月日	處分理由
社會主義と民族問題	藤岡淳吉			二、一、六	治安
情歌逸選集	堀田爲嗣		東京	二、一、六	風俗
十字街	中田正雄		兵庫	二、一、一七	治安
自治と政治	遠藤喜一		大阪	二、二、九	同
新婚の夜	中井三郎		東京	二、四、三〇	風俗
自由社會の建設	社會原理研究所			二、五、二	治安
酒落本集	中川初國		東京	二、五、七	同
新露西亜問答	益田豐彦		同	二、五、二三	同
支那赤化の眞想 怖るべき赤露の魔手	本多英三郎、			二、五、二五	同
自由社會（第一輯）			東京	二、六、二	同

最近の重なる時局問題の解説	市従書局	八、一、二五	東京	八、一、二四	治安
堺利彥全集 削除（一四〇—一六〇、三四四、四八二—四八四頁）			同 中央公論社	八、七、二一	同

左翼農民運動組織論		六、三、一四	東京	白揚社	六、一二、四	同
サヴェート農村の社會主義的建設		五、一一、一〇	同	希望閣	六、一二、四	同
左翼勞働組合と右翼との鬪爭（第一輯）		六、四、五	同	同	六、一二、一七	同
最近學生左翼運動秘錄	能勢岩吉	六、四、二〇（五版）	同	萬里閣	七、一、一四	同
三月革命の教訓	町田輝彦（譯）		曙	書房	七、三、二〇	同
最近の農村に於ける大衆行動とその教訓（第一輯）		六、一二、二〇	第二	無新社	七、四、二八	同
サヴェート露西亜に於ける青年勞働者	山田俊一郎	七、五、二〇	東京、	南北書院	七、六、一	治安
三眞一如日本國體觀	藤野修册	七、九、一八	東	京	七、九、一四	同
再建後の左翼勞働組合運動（增補改訂版）		七、四、二〇	大阪	勞農書房	七、一一、九	同
左翼劇場		七、一一、一	東京	左翼劇場	七、一一、一三	同
サンヂカリズム論		七、一〇、三〇	同		七、一一、一六	同
最新式無錢若歸法	青瀧官助	七、一二、二〇	岡山	大盛社	七、一二、一九	風俗

六七

產兒制限評論		五、四、三	東京	五、四、四	風俗
最近の支那に就いて	高山洋吉	五、四、一七	同 永田書店	五、四、二〇	治安
左翼勞働組合運動	小泉保太郎	五、三、一七	同 マルクス書房	五、五、一	同
左翼勞働組合の組織と政策	渡邊政之輔	五、一〇、二〇	同 希望閣	五、一〇、二二	同
左翼勞働組合運動(改訂版)	小泉保太郎	五、一〇、一五	同 マルクス書房	五、一一、一二	同
鬱岩夫	岡部文夫		紅玉堂書店	五、一二、三	同
左翼勞働組合の意義と諸任務		六、二、二〇	東京 希望閣	六、二、一九	同
同(新版)		六、五、五	同 同	六、五、一三	同
里見研究所論叢			兵庫 西宮	六、七、一	同
再建後の左翼勞働組合運動		九、二六	大阪 勞働書房	六、九、二七	同
左傾ニ關シ告示御願				六、一〇、一六	同
再建後の左翼勞働組合運動			大阪 勞働書房	六、一〇、二九	同

(サ)

題號	著者又ハ編輯者名	發行年月日（昭和年月日）	發行地	處分年月日（昭和年月日）	處分理由
三全世界觀			三重	二、九、二〇	治安
最新性ノ教育	羽太鋭治		東京	三、二、三	風俗
最近ノ妊娠調節	布施亮		同	三、七、六	同
最新家庭醫學（第十二卷）	松本竹工		同	三、八、九	同
座談會の研究			新興科學社	四、七、一六	同
サーニン（下卷）	中村白葉		東京 岩波書店	四、八、一三	同
サヴエートロシヤに於ける農民の生活（第四輯）		四、八、一五	新興書房	四、九、一〇	治安
サーニン（上卷）	中村白葉			四、九、一〇	風俗
在日本勞働運動は如何に展開すべきか？	金斗鎔		無産者社	四、一一、三〇	治安
産兒調節の實際	足達三郎		神奈川	五、三、一七	風俗

六四

子供の脚本集		八、六、一三	同 築地小劇場	八、六、一三	同
幸福は必ず來る	明石順三		同 聖書研究會	八、六、一四	同
幸福なる結婚生活		八、六、二三	同 產制評論社	八、六、二三	風俗
皇道の栞（削除八〇、八二、一四〇頁）		八、八、三		八、八、七	治安
國際兒童週間の話（第一輯）		一九三三、四、二一	日本勞農救援會兒童部	八、九、二六	同
獄底の暗に歌ふ	多田喜一	五、一二、一五	東京 黎明社	八、一〇、一一	同
五、一五事件公判記錄		八、一〇、一五	廣島市	八、一〇、一八	同
五、一五事件背後の思想		八、一〇、一八	東京 明治圖書出版部	八、一〇、一八	同
同（改訂版）		八、一〇、二九	同 同	八、一〇、二六	同

興民宣戰		七、一〇、五	東京 興民會	七、一〇、四	治安
國際共産黨及極左翼諸團體戰略戰術に就いて			同 勞働問題資料通信所	七、一〇、一七	同
五、一五テロ事件秘史	牧野精一	七、一〇、二三	精華書房	七、一〇、二二	同
國民思想淨化ニ關スル管見	萱村庄右衛門	七、一一、三	大阪	七、一一、三・	同
强盜家主を死刑にしろ		七、九、一七	東京 眞人道社	七、一二、九	同
これだ巴里は	名賀京助	七、九、二八	同 一元社	八、一、一七	風俗
好色見世物誌	松浦泉三郎	七、一〇、一〇	同 風俗資料刊行會	八、一、一七	同
工場オルグの話 第二編(勞働)		八、一、一七	同 日本勞働組合	八、一、一七	治安
皇道樂土の建設	津田光造	八、三、一五	同 軍事教育社	八、三、二三	同
小林多喜二全集(第二卷)		八、四、一	同 日本プロ作家同盟	八、四、六	同
皇祖皇天神宮御神寶の由來		八、三、一〇	東京	八、四、二八	同
五、一五一週年紀念報告書		八、五、一五	同 大同倶樂部	八、五、一六	同

ゴー、ストップ	貴司山治		東京	五、四、四	同
コミンテルンの成立と發展(改訂版)	高山洋吉		同 南蠻書房	五、四、二五	同
國際情勢とコミンテルンの任務	武田薫		同 今井書房	五、四、二六	同
コミンテルンの宣言綱領規約	高山洋吉	五、五、二〇	同 南蠻書房	五、五、二五	同
國家學說	今井眞		東京	五、六、一	同
戀百態	林元才			五、六、一四	風俗
國家と革命		五、一一、一	政治研究社	五、一〇、二八	治安
國際戀愛歡樂境ホンモクホテル			花柳通信社	五、一二、一八	風俗
國際鬪爭經驗から學べ				六、一、一二	治安
國際赤色勞働組合十年史			勞農書房	六、二、七	同
コミンテルンの指導原理規約		六、二、一五	東京 南蠻書房	六、二、二〇	同
國際共産靑年同盟の經濟的組合的活動に關するテーゼ			同 無産靑年社	六、三、二三	同

五五

國家の君主としての勞働者			イスクラ閣	四、三、一	治安
コミンテルンと戰爭			東京 上田書房	四、六、二六	同
工場細胞の活動及諸任務	市川義雄		東京	四、七、二	同
獄窓の同志より	同	四、七、一五	同	四、八、一四	同
國際プロレタリア婦人運動			戰旗社	四、一〇、三	同
國家與革命		一九二九、七、一	支那	四、一一、七	同
國家と革命		一九二五、	レニングラード	五、一、一八	同
廣州暴動の意義と教訓	林田茂雄	五、一二、二〇	東京	五、一、二〇	同
工場の基礎として（勞働者農民分庫）	藤岡淳吉	四、四、二五	同 共生閣	五、一、二四	同
コミンテルンの發生と發展	村田重	五、一、二五	希望閣	五、一、二四	同
國體を破壞せんとする現內閣の思想政策	堤旭	四、一二、五	名古屋	五、一、三〇	同
國家論			東京 左翼書房	五、二、一五	同

(コ)

題號	著者又ハ編輯者名	發行年月日	發行地	處分年月日	處分理由
		昭和年 月 日		昭和年 月 日	
獄窓を想ふ	金子文子			二、一、二四	治安
戀の文から	大町隆			二、七、一	風俗
紅閣記	茂木妙		東京	二、七、二五	同
國家と革命	岡崎武		同	三、一、二五	治安
古代珍文集	谷口好治		同	三、七、一七	風俗
紅燈双紙	吉田政美		佐賀	三、九、六	同
國際勞働組合運動當面の問題	難波考夫		東京	三、九、一	治安
好色家列傳	吉村正夫		大阪	三、一〇、二九	風俗
合法活動の根本問題			東京イスクラ閣	三、一一、九	治安
工場、漁場委員會とは何か			極東勞働組合評議會	三、一二、一五	同

五三

經濟學教程	小原次郎	八、四、二一	東京 希望閣	八、四、二三	同
刑法讀本		八、九、八	同 大畑書店	八、四、二四	同
憲法の歷史的研究	鈴木安藏	八、六、二一	同 同	八、六、二五	同
藝術學研究（第三輯）			同 叢文閣	八、七、六	同
刑法讀本		八、九、一〇	同 大畑書店	八、九、五	同
現代政治學全集第十六卷 現代獨裁政治論 削除（五九、七九、八五乃至九四頁）	堀誠	八、九、二三	日本評論社	八、九、二三	同
經濟學辭典（下） 經濟學全集（第五十八卷）	塚本三吉	八、六、二三	改造社	八、九、二六	同

四九

ゲオルゲ、クロワス	小林勇	五、一一、二			五、九、一〇	治安
現代實話暴露おろし情怨暴露	磯部眞壽造		洋	々社	五、一一、一九	風俗
刑法の基本問題	奈良正路	七、一、一七	東京	淺野書店	七、一、二四	治安
閨房二十日物語	斯波鴻之介(譯)	七、二、五	大	洽堂	七、二、一	風俗
刑法讀本	瀧川幸辰	七、六、二〇	東京	淺野書店	七、六、二〇	治安
景氣恢復の實證的研究	勝田貞治	七、一〇、一八	東	京	七、一〇、一五	同
現農業の得失と危機		七、一〇、一〇	同	共生閣	七、一一、一一	同
閨房秘話	倉田繁藏	七、六、一五	東京	月報社	七、一二、一九	風俗
現代階級鬪爭の文學	三木清		東京	岩波書店	八、一、二〇	治安
建國祭行進歌			東	京	八、二、四	同
經濟學辭典(第五十七卷)	改行彼可	八、二、一九	同	改造社	八、二、一八	同
刑法講義改訂版	瀧川幸辰	五、六、二〇	京都	弘文堂	八、四、一〇	同

四八

(ケ)

題號	著者又ハ編輯者名	發行年月日（昭和年月日）	發行地	處分年月日（昭和年月日）	處分理由
結婚初夜の新知識(上·下)	篠田糺		東京	三、一〇、二	風俗
現代避姙術の趨勢	田中喜志二		同	三、一一、二	同
閨房秘話	萬波義一		同文藝社	四、一、一三	同
決議及綱領草案(勞働者農民文庫(四))			同共生閣	四、四、五	治安
決議及綱領草案			同同	四、六、二五	同
刑罰及變態性慾寫眞集	杉山清太郎		東京	五、三、二〇	風俗
現下の國際情勢とコミンテルンの戰略戰術(改訂版)		五、五、六	同マルクス書房	五、五、一五	治安
月經閑止と獨乙式定壓器に就いて	哀川光子		東京	五、七、一五	風俗
現代法學全集(第三十卷)	頁削除		日本評論社	五、七、一七	治安
結婚愛	比原鐵雄	五、九、一〇	東京	五、九、七	風俗

四七

クライムス、エンド、カラミチイス（譯名、犯罪と災害）			紐育洲	八、六、一六	治安
軍部を衝く 削除（一九―四〇、三〇二・三六五、三九五―四〇〇）		八、七、一八	東京聚文閣	八、七、二二	同

(ク)

題號	著者又ハ編輯者名	發行年月日	發行地	處分年月日	處分理由
軍事問題發達史		昭和年 月 日	東京イスクラ閣	昭和年 月 日 三、三、三一	治安
クロンスタットの反逆	大塚貞三郎	三、一一、五	東京	四、一、七	同
軍事科學とストライキ			勞農書房	五、一〇、二七	同
薫典	梅本繁雄		東京	六、五、二一	風俗
熊野詩集	村岡清春	一九三一、	和歌山	六、七、一六	治安
九月一日	坪野哲文	五、一、一	東京 紅玉堂	七、一、一四	同
軍事科學概論	山田俊一郎(譯)	七、二、一〇	同 南北書院	七、二、一〇	同
藏原惟人論文集(第三卷)		七、三、二五	同 プロ作家同盟	七、三、二九	同
クオタリー日本文學	山室靜	八、一、二八	同 耕進社	八、二、二	同
藏原惟人論文集(第四卷)		七、三、三〇	同 プロ作家同盟	八、四、五	同

四三

近代犯罪科學全集（第六編）		五、七、一五	同 武俠社	八、二、三〇	治安
恐怖		八、五、一六	同プロ演劇同盟	八、五、一八	同
近代學校その起源と理想		八、六、五	同 溪文社	八、六、一三	同
キングドム（英文）譯名神の國			紐育聖書研究會	八、六、一六	同
教育科學研究（第一編）	田部久	八、六、二五	中央書房	八、六、二四	同
近世朝鮮興亡史	高權藏	八、一、一五	東京 考古書院	八、七、二九	同

共産主義者と宗教		七、一、三〇	東京	共生閣	七、四、二	治安
教會の反動的役割		七、四、一三	同	同	七、四、一八	同
兇器亂舞の文化	高田義一郎	七、五、二五	先	進社	七、五、二六	同
近代クーデーター史論	木下半治	七、六、二六	東京	改造社	七、六、二八	同
教化史		七、一一、一四	同	岩波書店	七、一一、一七	同
淸水燒風景		七、一一、二七	同	改造社	七、一一、二六	同
議會鬪爭の戰術	君島香三(譯)	五、二、一三	同	共生閣	七、一一、三〇	同
極東變局と日本の將來	神武會	七、一一、三〇	同	神武會	七、一二、一	同
緊急動議	小林巖	五、四、五	同	紅玉堂	八、一、一八	同
極東危機の發展		八、二、三	同	新興社	八、二、四	同
共産主義インターナショナル			東	京	八、二、九	同
近代犯罪科學全集(第九編)		四、一一、二五	同	武俠社	八、二、二〇	風俗

共産黨宣言		六、三、三一	東京プロレタリア書房	六、三、一九	治安
共産主義のＡＢＣ（上巻）		六、六、一〇	同 政治研究社	六、六、二	同
共産黨宣言	リヤザノフ（譯）	一九三〇、	東京	六、六、三	同
共産黨宣言	マルクス エンゲルス	一九三〇、	同	六、六、三	同
共産主義とは何ぞや	堺利彦		同 白揚社	六、六、九	同
同（新版）	同		同 同	六、七、一五	同
錦褥玉房秘話		六、八、一〇	東京	六、八、一〇	風俗
共産主義教科書（下巻）	田尻淸一		同 プロレタリア書房	六、一〇三	治安
近代日本農民運動發達史	木村靖次		同 白揚社	六、一二、七	同
勤王論の社會史觀的研究	福原武	六、九、二七	東京 大東文化協會	六、一二、一二	同
共産黨宣言	大田黑研究所	七、一、一	東京 河西書店	七、二、四	同
共産主義「左翼」小兒病		七、一、一五	東京	七、四、一三	同

三七

共產黨宣言		五、一、一	東京	四、一二、二九	治安
享樂文藝資料	福井越人		同	五、六、一三	風俗
共產黨のＡＢＣ			同	五、六、一八	治安
聽けよ人類此の聲を	山本俊一		同	五、六、二四	同
急進的觀念病者に抗し		五、八、二九	同 白揚社	五、八、二九	同
ＫＩＳＳ通信教授接吻學		五、七、一五	同 東堂書店	五、九、一〇	風俗
近代朝鮮政治史	高權三	五、九、一五	東京	五、九、二六	治安
共產黨（主義）序說	高山洋吉	五、九、二〇	同	五、九、二六	同
共產黨宣言		五、一一、一	同 勞農書房	五、一〇、二八	同
恐慌裡の日本の資本主義經濟解剖	森喜一		同 白揚社	五、一一、八	同
禁慾輪舞			同 汎人社	六、一、一三	風俗
共產主義左翼小兒病	大田黑研究所		東京	六、二、二四	治安

(キ)

題號	著者又ハ編輯者名	發行年月日 昭和年月日	發行地	處分年月日 昭和年月日	處分理由
近代日本文學大系(第二十四卷)			東京	三、二、一八	治安
近代日本文學大系双落語滑稽本集	野中次郎		同	三、七、六	風俗
共產黨事件研究資料第三インターナショナル入會規則	露西亜通信		同	三、九、一〇	治安
共產主義ABC(上卷)	大田黑年男	四、二、一〇	同 イスクラ閣	四、二、一五	同
同(下卷)	同	四、五、二〇	同 同	四、五、二〇	同
共產黨事件に對する批判と抗議			同 共生閣	四、六、三	同
危機に直面せる支那革命と共產黨の任務	多田滕治	四、四、二〇	東京	四、六、二三	同
稀漁	大木黎二		同	四、六、二七	同
共產黨靑年國際同盟	竹石龍夫	四、七、三〇	同 希望閣	四、七、二九	同
共產黨宣言		一九二九、	伯林	四、一〇、二	同

三五

神の救ひ	同		同	八、六、二七	同
階級及階級鬪爭	田所輝明	六、三、五	同 農民勞働社	八、七、一四	同

三一

解雇退職手當に對する法律戰術	布施辰治	七、三、一五	東京 淺野書店	七、三、一七	治安
改良主義に抗して	高山洋吉	七、六、一〇	同 南北書院	七、六、一二	同
學生に訴ふ	鈴木靖之	七、一二、二八	同パンフレット刊行社	八、一、一〇	同
蟹工船、工場細胞	小林多喜二		同 改造社	八、四、七	同
匿くれたる史實日本裏面史		八、五、一〇	同 一心社	八、五、一三	同
隱れたる史實日本裏面史	篠原豐	八、五、一四	同 一心社	八、五、一三	同
蟹工船、不在地主	小林多喜二	八、四、一〇	同 新潮社	八、五、一五	同
隱れたる史實日本裏面史		八、五、一〇	同 莊人社	八、五、一八	同
ガバアメント（英文）	ルッサフォード		紐育	八、六、一	同
科學同盟當面の任務		八、六、三	日本プロ科學同盟	八、六、六	同
神の國	明石順三	一九三[illegible]、二	紐育聖書研究會	八、六、一四	同
神の立琴	同		同	八、六、二三	同

完全なる夫婦			東京 平野書房	五、一二、一	風俗
片山潜論文集	片山潜	五、五、二三	同 戰旗社	六、一、二九	治安
怪奇慘忍性態十話				六、二、一七	同
革命的勞働組合運動による青年勞働者の政治的啓蒙と敎育			無產青年社出版部	六、五、二〇	同
解放運動		六、七、一五	岡山	六、八、二五	同
革命的勞働組合青年活動と經濟鬪爭に於ける青年指導			東京 希望閣	六、九、七	同
カフエーテンポ			カフエーテンポ社	六、一〇、一六	風俗
カールマルクス	石田淸行	六、一〇、二〇	東京 南蠻書房	六、一〇、二三	治安
カマラード		六、一一、一〇	同 鐵塔書院	六、一二、八	同
カールとローザは帝國主義戰爭と如何に鬪ふたか	野村浩(譯)	七、一、一五	同 赤い光社	七、一、一四	同
完全なる夫婦(改訂版)		七、二、五	同 平野書房	七、二、八	風俗
革命草案	加藤朝鳥	五、六、一七	東京	七、三、一四	治安

二九

蟹工船（改訂版）	小林多喜二		東京	五、二、一五	治安
かくし語辭典			同	五、三、一八	同
階級鬪爭の偉大なる戰術家としてのレーニン	早見正男		同 マルクス書房	五、四、二四	同
カクテル漫畫漫文		五、六、一	東京	五、五、二六	風俗
囘春秘話	中野江漢		同	五、六、一二	同
火焰を蹴る	林禮子		同	五、六、二四	治安
革命・草案	北原鐵雄		同	五、六、三〇	同
畫譜一千一夜物語	矢野源一			五、七、一〇	風俗
換氣筒	野田試三	五、七、一	同	五、七、一五	治安
怪奇變態處女解剖	春海亮		中村書店	五、八、三〇	風俗
畫譜一千夜物語		四、一〇、一五	東京	五、九・一〇	同
各無産政黨スローガン			同 無産者書房	五、一〇、二一	治安

(カ)

題號	著者又ハ編輯者名	發行年月日（昭和年月日）	發行地	處分年月日（昭和年月日）	處分理由
解放運動（第一輯）	小河國吉	二、一一、一	岐阜	三、一、一三	治安
同（第三輯）	同		同	三、一、一四	同
監獄部屋	沼田流人	—	東京	三、六、一二	同
觀相學奥秘傳全集（上卷）			同	三、一二、一五	同
解放戰線パンフレット改訂 露西亜無政府主義運動小史	後藤學三	三、四、一五	同	四、二、一四	同
解放運動			朝鮮東興勞働同盟	四、五、二五	同
繪畵本性慾語百科大辭典			東京談奇店	四、九、一八	風俗
解黨主義者と青年運動			東京	四、一〇、二二	治安
蟹工船	小林多喜二		同	四、一〇、二二	同
かくし言葉の字引			誠文堂	四、一一、一一	風俗

オプレッション、ホヘン、ウイル、イト、エンド（英文）			紐育市	八、六、一	治安
女一四		八、八、一	東京 春秋書房	八、七、二五	同
オルグ	小林多喜二	六、七、一八	同 戰旗社	八、九、一三	同
俺達の闘爭歌集	森本宗二		大阪		同
大阪朝日新聞を葬れ		八、一〇、二八	同 國粹神風隊	八、一〇、二六	同

ヲ(オ)

題號	著者又ハ編輯者名	發行年月日 (昭和年月日)	發行地	處分年月日 (昭和年月日)	處分理由
男	林芙美子		東京	三、五、一八	風俗
オデイットとマルテイーヌ	青山倭文二	三、一〇、一〇	同	三、一〇、一二	同
恐るべき國家經濟の危期を警告す	有吉喜兵衞		同	五、六、一七	治安
俺達の歌	山本五郎	五、七、二〇	同	五、九、六	同
歐米女見物	伊藤三郎		同	五、九、七	風俗
女ばかりの衞生	菱苅實雄		誠文堂	五、一二、一三	同
女の匂ひと香り		六、六、一	東京春陽社	六、六、三	同
黃金艶魔帳	速水純		同乾坤社	六、七、二	同
おい等はプロレタリア	南正胤	五、四、二〇	東京	七、一、一四	治安
俺達と芝居			大阪プロット支部	七、九、二	同

二三

二二

繪入好淫氾	林元弌	•	東京	八、一、一七	同
英國擊つべし	太田巖		大阪	八、一〇、二二	治安

一九

エロの和歌山				五、二、六	風俗
エロエロ草紙		五、一一、三〇	東京 竹醉書店	五、一二、三	同
エロエロ東京娘百景	壹岐はる子		誠文堂	五、一二、二三	同
上海、巴里エロ大市場	榎本進一郎			六、一、一三	同
エロ百パーセント モダン花嫁結婚(初夜物語)	同		大阪	六、一、一三	同
繪入露西亞大革命史(第三輯)			東京 南蠻書房	六、五、八	同
エロ商賣百物語	早川雪男		三興社	六、五、二六	同
エロ天國細見記	宮下浩		同	六、五、二六	同
エホグロ男娼日記	流山龍之助		同	六、五、二六	同
笑の花		六、七、一〇	東京	六、八、二五	同
エスペラントを學べ	中垣虎次郎	六、五、一〇	同 ポエウ圖書部	六、一二、一三	治安
江戸川亂歩全集 犯罪圖鑑		七、五、一〇	同 平凡社	七、五、一〇	風俗

(エ)

題號	著者又ハ編輯者名	發行年月日（昭和年月日）	發行地	處分年月日（昭和年月日）	處分理由
英國總同盟罷業の意義と批判	市川義雄		東京	二、五、二	治安
江戸文學選集	關口興堂		同	二、七、一八	風俗
繪入西鶴全集	和田直吉		同	三、三、五	同
艶姿淨世繪	榎本進一郎		大阪	五、二、一〇	同
繪入版露西亜大革命史			東京 南蠻書房	五、三、五	同
艶道戲文集	妙色庵主人			五、五、六	同
繪入好色五人女（全五冊）	神谷鶴	五、八、五	東京	五、一〇、七	同
同好色一代女（全六冊）	同	五、八、七	同	五、一〇、七	同
同好色一代男（全八冊）	同	大正一五、九、二五	同	五、一〇、七	同
エロ	小澤清麿	五、一〇、一	同	五、一〇、七	同

一七

一六

(ウ)

題號	著者又ハ編輯者名	發行年月日	發行地	處分年月日	處分理由
浮世繪軟派畫集		昭和年月日 二、九、七	東京	昭和年月日 二、九、七	風俗
浮世手帖	十一谷洗太郎		同	三、七、九	同
浮世小咄	大藤篤司		同	三、九、七	同
浮世繪嬌艶集	長澤小輔	三、七、三〇	同	三、九、七	同
ウヰンの裸體倶樂部			同	四、五、二九	同
浮世繪の表情美	桐澤利雄		同	五、三、一七	同
浮世繪風俗濃艶畫集	山下闢一		同	五、七、一一	同
牛娘に舐められる話	樺山襄二			六、五、二六	風俗
右翼的危險增大と青年コミンテルンの諸任務	藤川實	六、九、一五	同 プロレタリア書房	六、九、一四	治安
浮世繪秘史	藤田直次郎	七、七、二五	東京	七、七、二五	風俗

一三

一二

淫蕩時代	秋山久		六九社書房		七、七、六	風俗
一九一七年	佐野學	六、一〇、二七	東京	白揚社	七、一〇、一三	治安
一九〇五年の意義と敎訓	北服俊三	二、一一、一六	同	同	七、一〇、一三	同
異說日本史		七、一〇、二〇	同	雄正閣	七、一一、八	同竝風俗
一九三二年歌集		七、一二、一三	名古屋		八、三、二	治安
一九三二年世界經濟恐慌の動き			東京	隆章閣	八、四、二六	同
インフレーションの經濟學	名取文夫	八、五、二三	同	同人社	八、五、二三	同
一九三六、危機は迫る 列强の軍備競爭		八、一〇、二〇	同	不動書房	八、一〇、二六	同

九

一九一七年に於ける農民運動		五、七、八	東京	叢文閣	五、八、二九	治安
淫蕩時代	田澤菊二郎	五、七、一五	同	同	五、九、一〇	風俗
インターナショナルの苦悶	池田四郎	五、七、一五	同		五、九、二五	治安
インターナショナル發展過程		五、一二、一八	同	勞働者書房	五、一二、一八	同
一九三一年勞働日記		五、一二、二〇	東京		五、一二、二三	同
今の世の中	堺眞柄	五、六、一五	同		五、一二、二六	同
一九一七年	中村德二郎	六、六、一五	同	白揚社	六、七、一三	治安
インターナショナルスパイ	中島武	六、九、二五	同	人格社	六、九、二七	同
インターナショナルの理論	加田哲二	七、一、一五	同	同文館	六、一二、二五	同
イル、ペンタメローネ（閨房物誌）			同	同	七、二、二	風俗
一九〇五年革命	レーニン小文庫	七、二、五	同	希望閣	七、二、三	治安
一九三二年ニ於ケル太平洋勞働組合書記局重要問題報告決議集第一集		七、五、二五	須	一書院	七、五、二一	同

八

(イ)

題號	著者又ハ編輯者名	發行年月日 (昭和年月日)	發行地	處分年月日 (昭和年月日)	處分理由
インターナショナル發展史			東京 文藝社	三、二、一八	治安
一九二九年勞働日記			同 希望閣	三、二、一九	同
一九一七年(第一分册)	レーニン	三、二、一〇	上野書店	三、二、二七	同
印度愛經文獻考	泉璪		東京	四、二、二六	風俗
伊太利奇病史			同	四、八、一八	同
イヴオンヌ	梨甫		同	四、九、二〇	同
伊那		四、二、二五	長野	五、一、三〇	治安
一九二八年三月十五日(改訂版)	小林多喜二	五、五、一三	東京 戰旗社	五、五、一〇	同
一九一七年	中村德二郎	五、三、五	同 白揚社	五、五、一五	公安
同	高山洋吉		同 同	五、六、一八	同

七

六

一

5

アナキズム			東京	七、一二、二九	治安
アナキーズム眞に無政府主義は何を基礎としてゐるか	山下一夫(譯)	七、一二、二五	自由聯盟	七、一二、二九	同
アテイズムの理論と實踐	山本賢太郎	五、四、七	東京曙書店	八、一、二	同
爭ふ二つのもの	藤森成吉		同プロ作家同盟	八、一、二四	同
壓制は何時止むか	赤石順三		同燈臺社	八、五、二六	同
アフリカ、デカメロン	泉辨三郎	八、六、一	大阪みどり會	八、五、二九	風俗
青い花　東		八、七、一九	東京改造社	八、七、二	治安

三

愛の契			東京 近代書房	五、一一、二四	風俗
曙の手紙	竹内てるよ		同 黒潮時代社	五、一一、二六	治安
青森プロレタリア詩集			青森 文藝社	六、四、二〇	同
愛慾株式會社	佐藤六郎		東京六合社書店	六、一〇、八	風俗
嵐に抗して	正木康一	五、一一、二〇	同 白揚社	七、四、一一	治安
赤い銃火（第一輯）		七、四、二〇	同 日本プロ作家同盟	七、四、一八	同
アトラッキー唯物辯證法に就いて			東京 木星社	七、五、一〇	同
アジテーションとプロパカンダ	青木俊三	四、一二、六	同 共生閣	七、五、一〇	同
或る女の性愛史		七、	東京 平凡社	七、七、六	風俗
アジテーションとプロパカンダ		七、七、二〇	同 共生閣	七、一一、一一	治安
R、E、P、叢書（第一輯）			東京日本プロ、エス同盟	七、一二、八	同
アメリカ總攻擊	早坂次郎（譯）	七、一二、一三	同 新潮社	七、一二、一一	同

一、本索引ハ昭和三年十月ヨリ昭和八年十月三十一日迄ノ間ニ當府及内務省ニ於テ行政處分ニ附セラレタル刊行物ヲアイウエオ順ニ配列シタルモノナリ。

一、尚昭和三年十月以前ノモノト雖モ必要ト認メタルモノハ適宜掲記シ置キタリ。

一、歐文ハ省略シ、國文、朝鮮文及支那文ノ被處分ノモノヲ摘録セリ。

一、追記入ノ爲メ、餘白ヲ附シ置キタリ。

以上ノ趣旨ニ依リ取締上活用セラルベシ。

昭和八年十一月

1933년 11월 발행

조선문 · 지나문 간행물 행정처분색인

朝鮮文 · 支那文 刊行物 行政處分索引

1928.10~1933.5.31